Open AI API

Modelo GPT personalizado

Open AI API

Modelo GPT personalizado

Claudio Bottini

La ley prohíbe
fotocopiar este libro

Open AI API. Modelo GPT personalizado
Thema: UYQD Artificial general intelligence (AGI)
Bisac: COM004000
© Claudio Bottini
© De la edición: Ra-Ma 2025

Edición original publicada por Six Ediciones. Ciudad Autónoma de Buenos Aires, Argentina.
Open AI API. Modelo GPT personalizado
Colección: USERS ebooks
Derechos Reservados © Six Ediciones. Ciudad Autónoma de Buenos Aires, Argentina.

Editado por:
RA-MA Editorial
Calle Jarama, 3A, Polígono Industrial Igarsa
28860 PARACUELLOS DE JARAMA, Madrid
Teléfono: 91 658 42 80
Fax: 91 662 81 39
Correo electrónico: *info@grupoeditorialrama.com*
Internet: *www.ra-ma.es* y *www.ra-ma.com*
ISBN impreso: 979-13-8764-203-7
Depósito legal: M-1215-2025
Maquetación: Antonio García Tomé
Diseño de portada: Antonio García Tomé
Filmación e impresión: Safekat
Impreso en España en febrero de 2025

ÍNDICE

PRÓLOGO

Los modelos GPT no fueron muy populares hasta noviembre de 2022, una vez que OpenAI creó un sucesor de sus modelos de lenguaje llamado ChatGPT. A comienzos de 2023, ChatGPT se lanza oficialmente con una API y un SDK para integrar el modelo en los productos de terceros.

Si bien hay una gran cantidad de aplicaciones existentes, ChatGPT ofrece una amplia gama de mejoras para diferentes tipos de procesos técnicos y comerciales.

La API de ChatGPT es una interfaz que permite a los desarrolladores interactuar con los modelos GPT mediante programación. Ofrece la integración de las capacidades conversacionales de ChatGPT en aplicaciones, plataformas o sistemas, lo que facilita la creación de experiencias dinámicas e interactivas impulsadas por IA.

Con la API, los desarrolladores pueden aprovechar el poder de la comprensión y generación del lenguaje natural de ChatGPT para crear chatbots, asistentes virtuales, generadores de contenido, y mucho más.

La API de OpenAI funciona enviando solicitudes a una interfaz de la API, proporcionando el texto de entrada necesario y recibiendo una respuesta que contiene el texto generado. La API se encarga de manejar los aspectos computacionales, lo que permite a los desarrolladores concentrarse en utilizar las respuestas generadas para sus casos de uso específicos.

SOBRE ESTA OBRA

En este libro compartiremos con ustedes ejemplos claros e inmediatamente aplicables sobre cómo puedes beneficiarte de los modelos GPT en diferentes niveles de automatización, mientras respondemos la duda de muchos programadores hoy en día: "¿cómo hago para implementar un modelo GPT en mi producto?".

En cada capítulo mostraremos paso a paso los conceptos de los modelos GPT para entender sus formas de uso y aplicación, y montaremos un entorno completo de ejecución, primero simple, con JavaScript, y luego más completo. Prepararemos un entorno de servidor web bajo lenguaje PHP donde, mediante librerías, podrás acceder a todo el potencial de la API de OpenAI sin demasiado esfuerzo.

Finalmente, una vez que manejes el uso de los modelos, te mostraremos cómo entrenar uno a medida de tus necesidades, para que comprenda información que los modelos originales de GPT no tienen, o de respuestas específicas de acuerdo con los requerimientos de la aplicación donde estés usando la API.

SOBRE EL AUTOR

Claudio Bottini es Licenciado en Ciencias de la Computación recibido en 2001. Nació y vive en la Argentina, y desarrolló su carrera en el área de Sistemas y Redes de una empresa de Desarrollo de Software e ISP de dicho país. Ha trabajado produciendo distintos sistemas de gestión de redes, monitoreo y clientes. Con la aparición de las variantes de IA enfocó parte de su trabajo profesional en adaptar las librerías ofrecidas en el mercado a necesidades específicas del entorno en el que se desempeña, como corrección de código fuente, generación de imágenes y correctores gramaticales y de contenido, con conocimientos sobre temáticas locales.

1

API DE OPENAI

Ejecutar los modelos de ChatGPT en tu propio sitio web con JavaScript, PHP u otro lenguaje, o dentro de una aplicación que has desarrollado, permite dar un salto de calidad, al mejorarla o brindar una mejor manera de interacción con el usuario. En este libro, hasta el lector más principiante comprenderá los pasos para usar la API de OpenAI para GPT y liberar el potencial para sus aplicaciones, productos o servicios.

1.1 ¿QUÉ ES LA API DE OPENAI?

Figura 1.1. Integrar la IA mediante su API, usando uno de varios lenguajes de programación compatibles, es una solución muy simple para entregar nuevas funcionalidades con modelos GPT a usuarios o clientes. Pero, además, es mucho más rápido y económico de lo que la mayoría podría imaginar.

ChatGPT realmente ha evolucionado como la próxima base para crear aplicaciones basadas en IA y ha tomado un gran impulso cuando Microsoft comenzó a invertir en esta tecnología, además de incorporarla a su motor de búsqueda Bing.

Desde la **automatización de tareas**, la ayuda en el ámbito comercial, la atención al cliente, la redacción y la adaptación de textos, ChatGPT ha demostrado su utilidad en una amplia gama de aplicaciones.

Los **modelos** GPT pueden mejorar la experiencia del usuario de sitios y aplicaciones web, traducir, resumir, responder preguntas y realizar muchas otras tareas.

Los **modelos GPT** (transformador generativo preentrenado) de **OpenAI** han sido entrenados para comprender el lenguaje natural y el código. Los GPT proporcionan salidas de texto en respuesta a sus entradas. Las entradas a los GPT también se conocen como **prompts**. Diseñar un prompt es esencialmente como "programar" un modelo GPT, generalmente proporcionando instrucciones o algunos ejemplos referidos al modo de completar una tarea con éxito. Los GPT se pueden usar en una gran variedad de actividades, incluida la generación de contenido o código, resúmenes, conversaciones, escritura creativa, y más.

La **API de OpenAI** es una interfaz mediante la cual los desarrolladores pueden interactuar con el modelo de GPT a través de la programación. Permite la integración de las capacidades conversacionales de ChatGPT en aplicaciones, plataformas o sistemas, lo que facilita la creación de experiencias dinámicas e interactivas impulsadas por IA.

Figura 1.2. Si bien ambos conceptos se usan de manera indistinta, y se entiende a qué se hace referencia, técnicamente la API es de los modelos de OpenAI, no es la API de ChatGPT, ya que ChatGPT es una implementación en formato de chat conversacional de estos modelos.

La API que vas a usar no es de ChatGPT, sino que se conecta a los modelos que hay detrás de dicha herramienta, y puedes usarla para tu propio chat y para muchas otras tareas.

Usando la API de OpenAI, los desarrolladores pueden aprovechar el poder de la comprensión y generación del lenguaje natural de ChatGPT para crear chatbots, asistentes virtuales, generadores de contenido, y mucho más.

La API de OpenAI funciona administrando solicitudes con el texto de entrada necesario y obteniendo una respuesta que incluye el texto generado. El **endpoint** de la API se encarga de manejar los aspectos computacionales, lo que permite a los desarrolladores concentrarse en utilizar las respuestas generadas para sus casos de uso específicos.

1.1.1 ¿Cómo se usa la API de OpenAI?

El uso de la API de OpenAI implica una serie de pasos que garantizan una integración fluida y un manejo eficaz. A continuación, recorreremos el proceso paso a paso.

PASO 1

Obtener una clave API

Para comenzar a utilizar la API de OpenAI, el primer paso es obtener una clave de API. Puedes adquirir fácilmente las claves API de OpenAI registrándote o iniciando sesión en la plataforma oficial de OpenAI.

Estas claves te otorgarán acceso a la API de OpenAI y te permitirán realizar solicitudes de API.

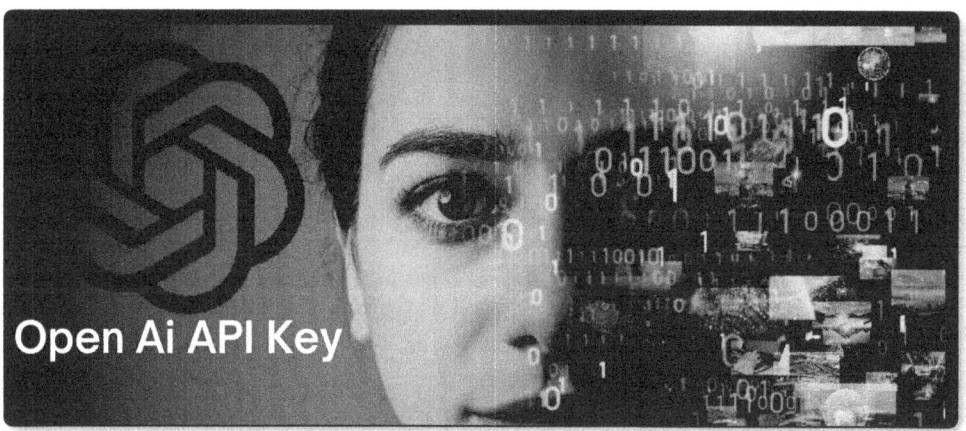

PASO 2

Elegir un lenguaje de programación

La API de OpenAI proporciona kits de desarrollo de software (SDK) y bibliotecas para varios lenguajes de programación, como Python y Node.js. Dependiendo de tu familiaridad y preferencias, elige el lenguaje de programación que más te convenga. Estos **SDK** y bibliotecas simplificarán el proceso de integración y te facilitarán la interacción con la API.

PASO 3

Trabajar directamente con el endpoint o usar una biblioteca de API

Una vez que tengas tu clave de API y hayas seleccionado un lenguaje de programación, tienes dos opciones para interactuar con la API de OpenAI: puedes usar directamente el endpoint de la API, que te permite realizar solicitudes HTTP a la API o, como alternativa, puedes utilizar una biblioteca en el lenguaje seleccionado de programación, que proporciona una interfaz de nivel superior para acceder a la funcionalidad de la API.

Esta biblioteca abstrae los detalles de hacer llamadas API y simplifica el proceso de desarrollo. Por lo general, proporciona funciones bien detalladas que facilitan su uso.

Hay varios kits de desarrollo de software (SDK) que puedes utilizar para integrar la API de ChatGPT en un proyecto. OpenAI proporciona SDK oficiales para una variedad de lenguajes de programación, incluidos Python, Java y JavaScript, pero hay muchas comunidades de desarrollo conocidas que han generado excelentes SDK para muchos otros lenguajes.

PASO 4

Configurar el entorno de desarrollo

Antes de comenzar a usar la API de OpenAI, debes configurar el entorno de desarrollo. Esto implica configurar su SDK seleccionado e instalar las dependencias necesarias. También es recomendable configurar un entorno virtual para asegurar que tu proyecto API de OpenAI esté aislado de otras tareas en el sistema.

PASO 5

Realizar solicitudes de API

Ahora que has configurado el entorno de desarrollo, puedes comenzar a realizar solicitudes de API a la API de OpenAI. Puedes usar la API para generar texto, responder preguntas e, incluso, crear chatbots.

Una vez que pudiste hacer uso de la API, hay mucho por realizar, dependiendo del uso y la integración que quieras lograr con ella.

1.1.2 Usar lenguaje de marcado de chat (ChatML)

Si usas la API para generar algún tipo de asistente o bot, es común utilizar el lenguaje de marcado de chat (ChatML), que permite formatear la entrada y salida de las solicitudes a la API de OpenAI. Puedes usar ChatML para agregar formato, incorporar imágenes e incluir otros elementos en las respuestas de tus chatbots, por ejemplo.

1.1.3 Experimentar con la API de OpenAI

La API de OpenAI abre un mundo de posibilidades para tus aplicaciones. Depende de tu imaginación y creatividad explorar formas innovadoras de utilizar y ajustar la API de OpenAI para satisfacer las necesidades específicas de tu industria o aplicación.

Figura 1.3. La integración de tecnología de IA mediante una API permite hacer uso de nuevas funcionalidades y potenciar un software existente con las características de los modelos GPT. Es una tarea relativamente simple para un programador en la actualidad.

Los beneficios de usar la API en tus proyectos son varios, pero pueden resumirse en dos principales:

1. **Experiencia de usuario mejorada**: al incorporar la API de OpenAI en tus aplicaciones o servicios, puedes ofrecer experiencias de usuario más atractivas e interactivas. Los usuarios pueden comunicarse con tu producto o plataforma utilizando lenguaje natural, haciendo que las

interacciones sean más intuitivas y personalizadas. Ya sea un chatbot de atención al cliente, un asistente virtual o un generador de contenido impulsado por IA, la API de OpenAI agrega un toque conversacional que mejora la satisfacción del usuario.

2. **Eficiencia de tiempo y costos**: desarrollar IA conversacional desde cero puede ser un proceso que requiere mucho tiempo y recursos. Sin embargo, al aprovechar la API de OpenAI, puedes reducir significativamente el tiempo de desarrollo y los costos asociados. El modelo y la infraestructura previamente entrenados proporcionados por la API de OpenAI te permitirán concentrarte en ajustar el modelo para tu caso de uso específico, en vez de construir todo desde cero.

1.1.4 ¿Y la API de GPT-4?

GPT-4 de OpenAI es el último modelo de lenguaje innovador, capaz de generar texto similar al humano y de ayudar en una variedad de tareas. Muchos usuarios están ansiosos por acceder a su poder para uso comercial, pero es importante comprender el proceso para hacerlo.

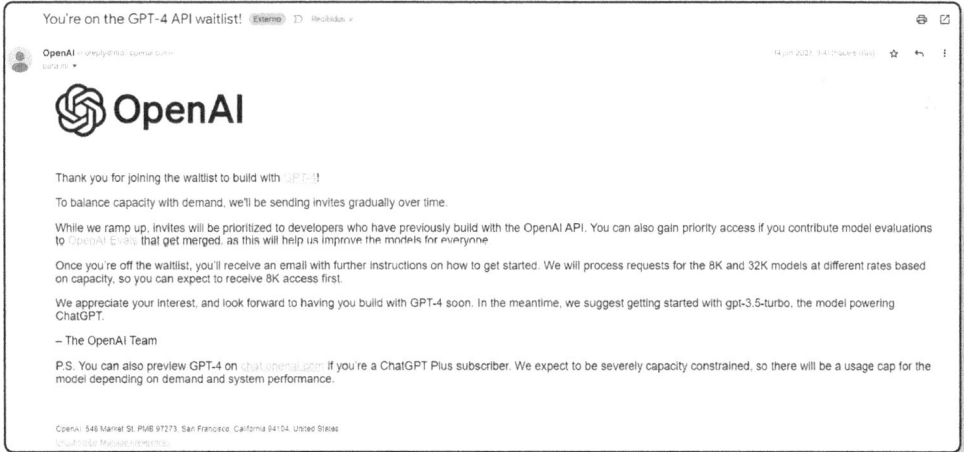

Figura 1.4. Al unirte a la lista de espera, es crucial proporcionar detalles correctos y precisos. OpenAI se basa en esta información para priorizar el acceso y garantizar un proceso de incorporación fluido para todos los usuarios.

Para acceder a GPT-4 a través de la API, debes unirte a la lista de espera. OpenAI está trabajando diligentemente para proporcionar acceso a tantos usuarios como sea posible, pero ten en cuenta que puede pasar algún tiempo antes de que todos tengan acceso. Si estás interesado en utilizar GPT-4 con fines comerciales, es esencial agregar tu nombre a la lista de espera de la API.

Antes de unirte a la lista de espera, tienes que crear una cuenta de OpenAI, si no la tienes ya. Después de hacerlo, busca la opción para unirte a la lista de espera de la API GPT-4.

1.1.5 ChatGPT Plus: acceso GPT-4 con un límite de uso

Si eres suscriptor de ChatGPT Plus, ya tienes acceso a GPT-4, aunque con ciertas limitaciones. ChatGPT Plus es un servicio de suscripción que permite a los usuarios acceder a GPT-4 a través del chatbot ChatGPT. Los suscriptores pueden disfrutar de los beneficios de GPT-4 en **chat.openai.com** con un límite de uso. Si deseas experimentar las capacidades de GPT-4 mientras esperas el acceso para la API, puedes explorar GPT-4 Playground. OpenAI proporciona un entorno de juegos donde puedes interactuar con GPT-4 y probar sus capacidades de generación de lenguaje.

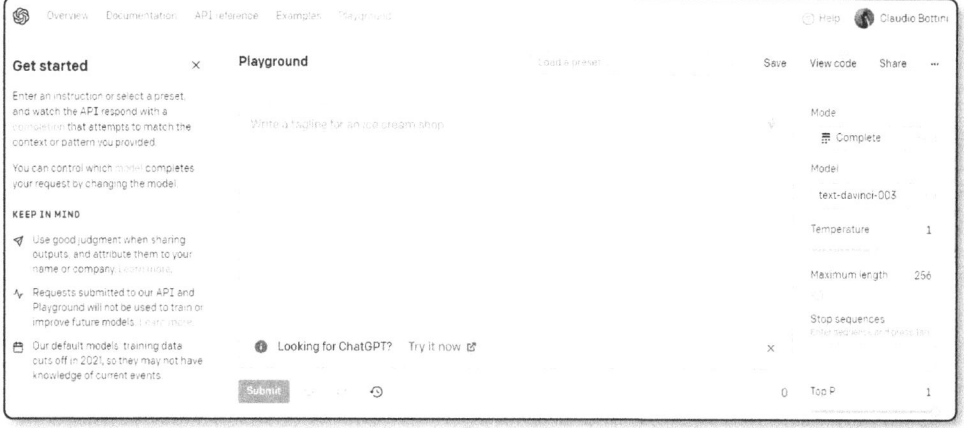

Figura 1.5. Para acceder a GPT-4 Playground, visita el sitio web de OpenAI y ve a la sección de juegos. Allí puedes ingresar indicaciones y observar las respuestas de GPT-4. Aunque GPT-4 Playground no ofrece el mismo nivel de personalización e integración que la API, es una herramienta valiosa para echar un vistazo a las capacidades de GPT-4 y generar texto para uso personal.

1.2 CONCEPTOS IMPORTANTES: PROMPTS, TOKENS, INCRUSTACIONES Y MODELOS

Existen cuatro conceptos que verás continuamente si trabajas con la IA de OpenAI. Conocer qué significa cada uno y sus variaciones te ayudará a hacer un mejor uso de la herramienta. OpenAI ofrece una gama de modelos con diferentes niveles de potencia adecuados para distintas tareas, así como la capacidad de ajustarlos y crear tus propios modelos personalizados.

1.2.1 Prompts

La entrada o información que le ofreces a los sistemas GPT es la forma de "programar" qué quieres que haga el modelo, generalmente proporcionando algunas instrucciones o ciertos ejemplos. Por la manera en que funcionan estos modelos de IA, el modo, la redacción o el formato de información que les brindes en los prompts serán fundamentales para que este "comprenda" tus necesidades, y se llegue a un resultado dentro de lo esperado.

1.2.2 Tokens

Los modelos de OpenAI entienden y procesan el texto dividiéndolo en tokens, que pueden ser palabras o simplemente fragmentos de caracteres. Por ejemplo, la palabra "hamburguesa" se divide en las fichas "ham", "bur" y "guesa", mientras que una palabra corta y común como "pera" es un solo token. Además, en una oración, el primer token de cada palabra generalmente comienza con un carácter de espacio.

OpenAI ofrece una herramienta en línea para hacer cálculos y comprender el uso de **tokens** que puede ayudarte a saber cuántos hay dentro de un texto dado, la encuentras en esta dirección.

La cantidad de tokens procesados en una solicitud de API determinada depende de la longitud de sus entradas y salidas. Como regla general, 1 token tiene aproximadamente 4 caracteres o 0,75 palabras para texto en inglés. Una limitación para tener en cuenta es que la solicitud de texto y la finalización generada, combinadas, no deben superar la longitud máxima de contexto del modelo (para la mayoría de los modelos, esto es 2048 tokens, o alrededor de 1500 palabras).

1.2.3 Incrustaciones (embeddings)

Una incrustación es una representación vectorial de una parte de los datos (por ejemplo, un texto) que pretende preservar aspectos de su contenido y/o su significado. Los fragmentos de datos que son similares de alguna manera tenderán a tener **incrustaciones** más cercanas entre sí que los datos no relacionados. OpenAI ofrece modelos de incrustación de texto que toman como entrada una cadena de texto y producen como salida un vector de incrustación. Las incrustaciones son útiles para la búsqueda, agrupación, recomendaciones, detección de anomalías, clasificación y toda tarea de "comparación". Están presentes como parte de la mayoría de los modelos que veremos a continuación.

1.2.4 Modelos

La API está impulsada por un conjunto de modelos con diferentes capacidades y puntos de precio. GPT-4 es el último modelo, y el más potente. GPT-3.5-Turbo es el modelo que impulsa ChatGPT y está optimizado para formatos conversacionales.

1.2.4.1 ELEGIR EL MODELO DE LENGUAJE ADECUADO

Los modelos están clasificados primero en su serie, que los distingue entre sí según la tarea principal para la que fueron creados. Es así que la primera clasificación que tenemos es:

Serie del modelo	Características
GPT-4 (en beta limitada)	Conjunto de modelos que mejoran GPT-3.5 y pueden comprender y generar lenguaje natural o código.
GPT-3.5	Conjunto de modelos que mejoran GPT-3 y pueden comprender y generar lenguaje natural o código.
DALL·E (en beta libre)	Modelo que puede generar y editar imágenes con un mensaje de lenguaje natural como entrada.
Whisper (en beta libre)	Modelo que puede convertir un audio en su transcripción en texto.
Embeddings	Conjunto de modelos que pueden convertir texto en una forma numérica.
Moderation	Modelo perfeccionado que puede detectar si el texto puede ser confidencial o indebido de acuerdo con las condiciones de uso de la API.
GPT-3	Conjunto de modelos que pueden comprender y generar lenguaje natural.

La serie GPT de modelos de lenguaje de OpenAI ofrece varias opciones para que los desarrolladores elijan, con diferentes capacidades y tamaños.

Si bien GPT-3 y GPT-4 brindan funciones más avanzadas, también requieren más potencia y recursos computacionales. Elegir el modelo de lenguaje adecuado implica evaluar los requisitos de tu proyecto, los recursos disponibles y el rendimiento deseado. OpenAI ofrece varios modelos dentro de su serie GPT, con diferentes capacidades y tamaños. Al seleccionar un modelo, ten en cuenta factores como el rendimiento, la complejidad y el costo.

Dentro de la clasificación antes vista, suele optarse por usar modelos dentro de dos ramas principales en la actualidad: GPT-3.5 y GPT-3, siempre hablando de aquellos que son útiles para las tareas más requeridas. Obviamente, si lo que quieres es generar imágenes, elige el modelo Dall-E sin dudarlo.

Modelos de la serie GPT-3.5: Los modelos GPT-3.5 pueden comprender y generar código o lenguaje natural. El modelo más capaz y rentable en la familia GPT-3.5 es gpt-3.5-turbo, que se ha optimizado para el chat, pero también funciona bien para las tareas tradicionales.

Modelo	Características	Máximo de tokens
gpt-3.5-turbo	El modelo GPT-3.5 más capaz y optimizado para chat a 1/10 del costo de text-davinci-003.	4096
gpt-3.5-turbo-16k	Mismas capacidades que el gpt-3.5-turbomodelo estándar pero con 4 veces el contexto.	16384
texto-davinci-003	Puede realizar cualquier tarea de lenguaje con mejor calidad, resultados más prolongados y seguimiento de instrucciones constante que los modelos curie, babbage o ada. También admite algunas funciones adicionales, como la inserción de texto.	4097
texto-davinci-002	Capacidades similares a text-davinci-003pero entrenadas con ajuste fino supervisado en lugar de aprendizaje por refuerzo.	4097
código-davinci-002	Optimizado para tareas de finalización de código.	8001

Modelos de la serie GPT-3: Los modelos GPT-3 pueden comprender y generar lenguaje natural. Fueron reemplazados por los modelos de generación GPT-3.5 más potentes. Sin embargo, los modelos base originales de GPT-3 (davinci, curie, ada y babbage) son los únicos modelos actuales que están disponibles para entrenar a medida para tus necesidades:

text-davinci-002	Este es el modelo GPT-3 más capaz, pero también el más caro y tiene la latencia más alta. Es mejor para aplicaciones que requieren comprensión y rendimiento avanzados.
text-curie-002	Este modelo GPT-3 es un buen equilibrio entre capacidad y costo. Es adecuado para la mayoría de los casos de uso.
text-babbage-002	Este modelo GPT-3 es menos costoso que curie y davinci pero aun así ofrece un buen rendimiento. Es una buena opción para proyectos con presupuesto limitado.
text-ada-002	Este modelo GPT-3 es el menos costoso y tiene la latencia más baja, pero también es el menos capaz. Es mejor para aplicaciones que no requieren una comprensión del lenguaje muy sofisticada.

En la práctica, la mejor manera de elegir el modelo de lenguaje adecuado es experimentar con diferentes opciones y evaluar su rendimiento en función de cada caso de uso específico.

Recuerda que la API de OpenAI tiene límites de velocidad y costos de uso, así que ten en cuenta la cantidad de solicitudes que envías durante la experimentación. Consulta los precios de la API de OpenAI para obtener más detalles.

1.3 EL COSTO DE USAR LA API

La API de ChatGPT se destaca cada día más porque es una excelente opción para los desarrolladores. Con su gama de planes de precios y opciones de uso flexibles, proporciona una forma eficiente de aprovechar las capacidades de procesamiento de lenguaje natural de última generación.

El precio de la API de OpenAI está configurado para revolucionar el mercado, ofreciendo una reducción de diez veces en comparación con otros modelos GPT-3.5. A los desarrolladores se les cobrará en función de la cantidad de tokens utilizados, que corresponden a secuencias de mensajes con metadatos consumidos por el modelo. El precio es de $0,002 por cada 1000 tokens, equivalente a aproximadamente 750 palabras en la mayoría de los idiomas.

Con la integración de la API OpenAI del modelo gpt-3.5-turbo, la asequibilidad alcanza nuevas cotas. Por ejemplo, si necesitas 1000 ejecuciones de 100 palabras cada una, te costaría aproximadamente $0,30. Esto hace que la API de OpenAI sea una opción muy atractiva para los desarrolladores que buscan capacidades de lenguaje económicas, pero potentes.

Figura 1.6. La estructura de precios de la API de ChatGPT está diseñada para adaptarse a una amplia gama de necesidades de los desarrolladores, lo que garantiza que siga siendo accesible y rentable. A continuación se revisan algunos conceptos importantes sobre los precios de la API de ChatGPT.

Una de las ventajas más significativas del precio de la API de OpenAI es su estructura basada en tokens. Este enfoque permite a los desarrolladores pagar solo por los recursos que utilizan, lo que lo hace increíblemente rentable y flexible. Al alinear los costos con el uso real, es posible optimizar los gastos y asignar recursos de manera eficiente.

Si bien la API de OpenAI ofrece precios asequibles, es esencial realizar un seguimiento de su uso para evitar gastos inesperados. Al igual que con cualquier API, es crucial monitorear su consumo cuidadosamente.

Algunos puntos clave para considerar:

- ► **Realiza un seguimiento del uso de tokens**: al monitorear la cantidad de tokens que consume tu aplicación, puedes tener una comprensión clara de los gastos. Verifica regularmente el conteo de tokens para asegurarte de que se alinee con tus expectativas y presupuesto.

- ► **Establece límites de uso**: define límites de uso dentro de tu aplicación para evitar un consumo excesivo. De esta manera, puedes limitar la cantidad de tokens utilizados, manteniendo los costos bajo control.

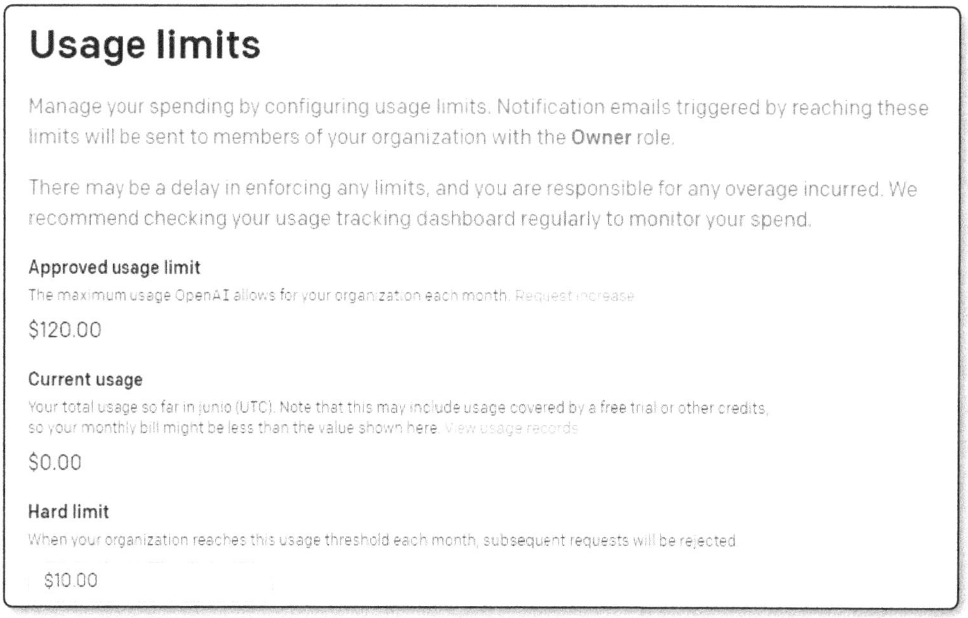

Usage limits

Manage your spending by configuring usage limits. Notification emails triggered by reaching these limits will be sent to members of your organization with the **Owner** role.

There may be a delay in enforcing any limits, and you are responsible for any overage incurred. We recommend checking your usage tracking dashboard regularly to monitor your spend.

Approved usage limit
The maximum usage OpenAI allows for your organization each month. Request increase

$120.00

Current usage
Your total usage so far in junio (UTC). Note that this may include usage covered by a free trial or other credits, so your monthly bill might be less than the value shown here. View usage records

$0.00

Hard limit
When your organization reaches this usage threshold each month, subsequent requests will be rejected

$10.00

Figura 1.7. Límites de uso.

▶ **Implementa alertas de costos**: configura alertas o notificaciones para recibir actualizaciones sobre el consumo de la API. Este enfoque proactivo permite identificar rápidamente cualquier pico inesperado en el uso.

▶ **Optimiza las secuencias de mensajes**: la estructuración eficiente de los mensajes y metadatos puede ayudar a reducir el consumo de tokens. Agiliza tu flujo de comunicación y considera minimizar los mensajes innecesarios para optimizar los costos.

▶ **Revisa periódicamente la facturación**: controla de manera regular tus estados de cuenta para estar al tanto de los gastos. Esta práctica ayuda a identificar discrepancias o cargos inesperados, lo que garantiza que tengas una visión general clara del uso de la API.

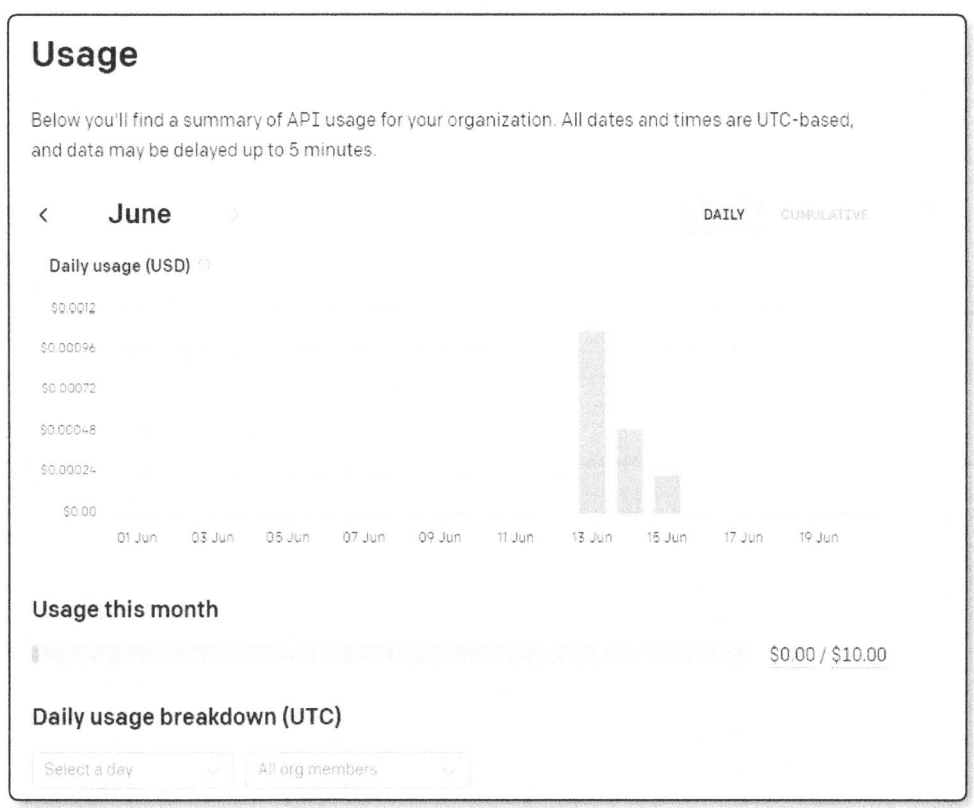

Figura 1.8. Detalle de consumos diarios.

1.3.1 ¿Puedo usar la API de OpenAI con la suscripción de ChatGPT Plus?

No, la suscripción a ChatGPT Plus cubre el uso exclusivamente en **chat. openai.com** y no incluye el acceso a la API de OpenAI.

1.3.1.1 ÚLTIMAS ACTUALIZACIONES DE LA API PARA DESARROLLADORES

A comienzos de junio de 2023, OpenAI lanzó novedades muy sorprendentes. Estas actualizaciones de la API incluyen una memoria de conversación cuatro veces mayor para GPT-3.5 y la funcionalidad de llamada a funciones.

Se anunció una actualización considerable de las ofertas de la API de modelo de lenguaje grande (incluidos GPT-4 y gpt-3.5-turbo), incluida una nueva capacidad de llamada de funciones, reducciones significativas de costos y una opción de **ventana de contexto** de 16.000 tokens para el modelo GPT-3.5-turbo.

Figura 1.9. En los modelos de lenguaje grande (LLM), la "ventana de contexto" es como una memoria a corto plazo que almacena el contenido del prompt original o, en el caso de un chatbot, todo el contenido de la conversación en curso. En los modelos de lenguaje, aumentar el tamaño del contexto se ha convertido en una carrera tecnológica. OpenAI ha desarrollado una versión de 32.000 tokens de GPT-4, pero aún no está disponible públicamente.

Con cuatro veces la longitud de contexto de la versión estándar de 4000, gpt-3.5-turbo-16k puede procesar alrededor de veinte páginas de texto en una sola solicitud. Este es un impulso considerable para los desarrolladores que requieren que el modelo procese y genere respuestas para fragmentos de texto más grandes.

Además, se anunció un recorte de precio del 75% en el modelo de incrustaciones "ada", una reducción del 25% en el precio de los tokens para gpt-3.5-turbo.

La incorporación de las llamadas a funciones de OpenAI permite a los desarrolladores describir una función y el modelo genera una salida **JSON** que contiene los argumentos. Esta función no llama a ninguna función en sí misma, pero genera el JSON que se puede utilizar para llamar a una función desde el código.

Los desarrolladores definen las funciones como parte de la llamada de completado de chat. Luego, el modelo genera una salida JSON que se puede utilizar para llamar a la función específica desde el código.

Por ejemplo, puede convertir prompts como "Envía un correo electrónico a Eduardo para ver si puede reunirse el próximo viernes", en una llamada de función como "send_email(to: string, body: string)". En particular, esta función también permitirá una salida con formato JSON consistente, que los usuarios de la API tenían dificultades para generar anteriormente.

Cabe destacar que los costos del uso de la API están reduciéndose más con cada actualización, lo que hace pensar que esta tecnología seguirá siendo más que accesible para los desarrolladores a futuro, aunque (como todo en el mundo de la Inteligencia Artificial) la velocidad y lo cambiante de este fascinante mundo hace que resulte difícil predecir el rumbo comercial que pueda tomar en los próximos meses o años.

1.4 ACTIVIDADES

A continuación verás las preguntas que deberías saber responder para considerar aprendido el capítulo.

1.4.1 Test de autoevaluación

1. *Explica brevemente qué es una API y cuáles son sus principales usos en programación.*

2. *¿Qué es ChatML?*

3. *Indica qué diferencia hay entre usar ChatGPT Plus y la API de GPT de OpenAI.*

4. *Realiza un cuadro donde detalles los principales modelos de GPT que pueden usarse desde la API.*

5. *Define qué son las incrustaciones y cómo se relacionan con los conceptos de tokens y los prompts enviados a la API.*

2

MODOS DE USO

Antes de avanzar en las formas de uso de la API de ChatGPT, analizaremos y compararemos las características y capacidades de ChatGPT API y ChatGPT Plus, para determinar cuál realmente ofrece más valor agregado dependiendo de la tarea para la cual necesites darle uso a la IA.

2.1 ACCESIBILIDAD

Figura 2.1. OpenAI API es una interfaz de programación de aplicaciones (API) proporcionada por OpenAI que permite a los desarrolladores acceder a las capacidades de procesamiento de lenguaje natural de los modelos GPT. Es una poderosa herramienta que permite crear aplicaciones conversacionales con capacidades de procesamiento de lenguaje natural.

Figura 2.2. En muchos casos, se hace a un lado la posibilidad de usar la API pensando en que es algo caro y complejo, y en otras no se avanza con el pago de la versión Plus del Chat Web pensando que, con usar la API, automáticamente tendrás solucionados todos tus problemas.

La accesibilidad es un factor importante para considerar al elegir entre ChatGPT API y ChatGPT Plus. Con ChatGPT Plus, los usuarios están limitados a la interfaz gráfica simple que proporciona el servicio.

Por otro lado, la API de ChatGPT ofrece mucha más flexibilidad en términos de personalización. Los desarrolladores pueden crear sus propias interacciones únicas con la IA.

2.2 DISPONIBILIDAD

Analizando la disponibilidad actual de ambas plataformas, según la documentación, ChatGPT Plus cuenta con una mayor disponibilidad que su versión gratuita, pero los usuarios han informado problemas de tiempo de espera y disponibilidad ocasionales. Sin embargo, no se puede decir lo mismo de la API de ChatGPT, ya que la única limitación que enfrenta es la cantidad de llamadas o solicitudes de API por minuto.

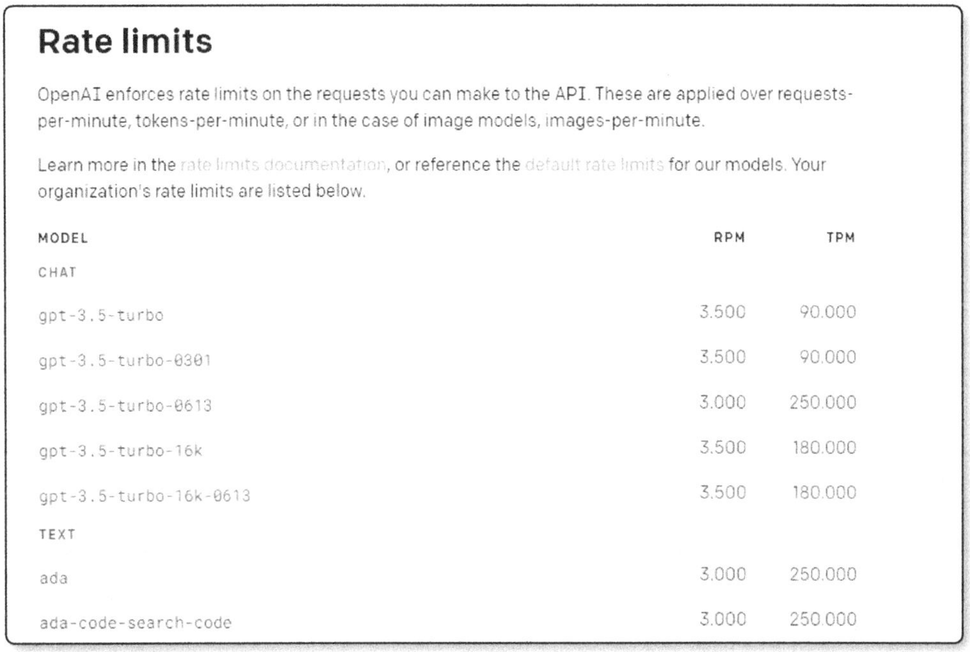

Rate limits

OpenAI enforces rate limits on the requests you can make to the API. These are applied over requests-per-minute, tokens-per-minute, or in the case of image models, images-per-minute.

Learn more in the rate limits documentation, or reference the default rate limits for our models. Your organization's rate limits are listed below.

MODEL	RPM	TPM
CHAT		
gpt-3.5-turbo	3.500	90.000
gpt-3.5-turbo-0301	3.500	90.000
gpt-3.5-turbo-0613	3.000	250.000
gpt-3.5-turbo-16k	3.500	180.000
gpt-3.5-turbo-16k-0613	3.500	180.000
TEXT		
ada	3.000	250.000
ada-code-search-code	3.000	250.000

Figura 2.3. Límites.

2.3 PRECIOS

A medida que profundizamos en la comparación de la API de ChatGPT y ChatGPT Plus, debemos analizar el factor más importante de todos: el precio. ChatGPT Plus tiene una tarifa mensual fija de U$20, lo que puede ser una carga para alguien que solo necesita un uso ocasional del servicio. Por el contrario, la API de ChatGPT es un modelo de pago por uso y el costo es de solo U$0,002 por 1000 tokens. Esto equivale aproximadamente a 750 palabras y está bajando sus costos de manera periódica.

Veamos un cuadro comparativo de las versiones pagas de ChatGPT y OpenAI API:

Desarrollo de aplicaciones	Personalización y control	Planes y estructura de precios	Público objetivo
ChatGPT Plus Diseñado para uso individual a través de la plataforma OpenAI.	Personalización limitada, centrada principalmente en la experiencia del usuario.	La cuota de suscripción plana, más adecuada para usuarios individuales.	Individuos que quieren usar GPT para realizar ciertas tareas.
API de ChatGPT Diseñado para la integración con aplicaciones externas.	Ofrece más opciones de control y personalización.	Precios basados en el uso, adecuados para desarrolladores y empresas.	Desarrolladores de aplicaciones/ software y empresas.

Para ponerlo en perspectiva, si tuvieras que comparar la tarifa mensual de U$20 de ChatGPT Plus con el uso de la API de ChatGPT, correspondería a aproximadamente 7,5 millones de palabras. Eso es mucho contenido, especialmente cuando se compara con el contenido de la Biblia, que contiene poco más de 780.000 palabras en traducción al inglés.

Entonces, en nuestra opinión, la API de ChatGPT ofrece un beneficio indiscutible en cuanto a rentabilidad. Con la capacidad de pagar solo por lo que se necesita y a un precio razonable, la API de ChatGPT brinda a los usuarios una solución rentable para sus necesidades de asistente de IA.

Además, mientras codificamos, ¡podemos seguir usando la versión web gratuita de ChatGPT para hacerle consultas en el formato tradicional!

2.4 USAR LA API DE CHATGPT EN JAVASCRIPT

Figura 2.4. La API de ChatGPT se puede integrar con una amplia gama de frameworks y lenguajes de programación, incluido JavaScript. En este capítulo nos introduciremos en lo esencial para usar la API de ChatGPT desde JavaScript para luego hacer uso desde otros lenguajes de servidor.

2.4.1 Obtener la API Key

Antes de comenzar a integrar ChatGPT con JavaScript (o cualquier otro lenguaje), debes obtener tu **API key**. Esta clave es única para tu cuenta y es necesaria para acceder a la API de ChatGPT.

Para obtener la clave de API, debes registrarte en OpenAI y crear una clave de API.

Veamos los pasos necesarios para lograrlo:

PASO 1

Regístrate en la web de OpenAI. En caso de que ya estés usando ChatGPT, puedes usar la misma cuenta, el acceso a esta sección es mediante esta url.

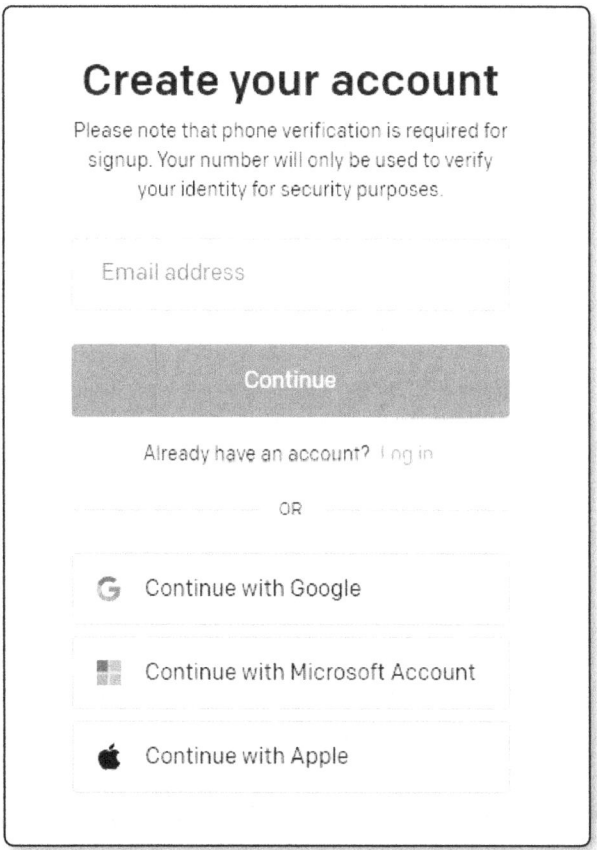

PASO 2

Una vez registrado y logueado, dirígete a la sección de administración de tu cuenta; al final está el acceso a las API keys del usuario.

PASO 3

Dentro de la pantalla de manejo de keys, verás las existentes o podrás crear nuevas claves de la API.

API keys

Your secret API keys are listed below. Please note that we do not display your secret API keys again after you generate them.

Do not share your API key with others, or expose it in the browser or other client-side code. In order to protect the security of your account, OpenAI may also automatically rotate any API key that we've found has leaked publicly.

You currently do not have any API keys. Please create one below.

+ Create new secret key

Default organization

If you belong to multiple organizations, this setting controls which organization is used by default when making requests with the API keys above.

Personal

Note: You can also specify which organization to use for each API request. See Authentication to learn more.

PASO 4

Genera una nueva key desde el botón **Create...**

Es importante nombrar adecuadamente las claves que generes, ya que lo más recomendable es usar una diferente para cada proyecto donde uses la API. De esta forma, si la seguridad de un proyecto se ve comprometida o lo sacas de funcionamiento, puedes eliminar la key usada solo en dicho código, sin afectar otros desarrollos.

Create new secret key

Name Optional

KeyPHP

Cancel   Create secret key

PASO 5

Al crear la key, podrás verla y copiarla por única vez. Resguarda el dato en un lugar seguro e inclúyelo después en tu código fuente. No hay forma de ver la key una vez almacenada.

PASO 6

Finalmente, puedes ver todas las keys creadas y generar nuevas o eliminarlas en caso de ser necesario.

NAME	KEY	CREATED	LAST USED
KeyPHP	sk-....DCJ8	27 de may de 2023	Never
+ Create new secret key			

Para aprender el uso haremos un pequeño proyecto o aplicación web que no requiere instalación y tampoco un entorno complejo de ejecución. Simplemente necesitarás un navegador actual para visualizar un archivo HTML que ejecutará código JavaScript.

Esta aplicación es el cliente más pequeño para hablar con GPT que puedes diseñar fácilmente. El objetivo es demostrar el uso de la API, incluidas las capacidades del navegador de traducir voz a texto y texto a voz. Esto significa que podrás hablar con el navegador y este te responderá. Además, prepararás lo necesario para poder hacer uso a elección de los modelos más recomendados de GPT. De esta forma, te introducirás en los detalles de uso y parámetros a usar cuando te contactes con la API.

2.4.2 El código fuente

El código proporcionado es una implementación en JavaScript que utiliza la API de OpenAI para realizar una conversación, usando alguno de los modelos existentes de GPT.

Armaremos una interfaz sencilla en HTML para hacerlo más dinámico y fácil de usar, pero tranquilamente podrías solo hacer un eco en pantalla con una ventana modal de alerta en JavaScript si únicamente quisieras probar el acceso y uso de la API.

Comenzaremos entonces por la parte del código que es puro HTML. Arma una interfaz con apariencia de vhat, donde poder escribir tus prompts de entrada y mostrar las respuestas de GPT. Agrega algunos selectores para probar diferentes versiones de GPT sin tocar el código, y aprovechando las capacidades de los navegadores modernos, incluye la posibilidad de hablar en vez de escribir las preguntas, y de darle salida por audio a las respuestas.

Veamos al código en sí. Comienza por el código de estilos, simplemente dando un poco de formato y claridad a los objetos con los que interactuarás en la pantalla:

```
<html>
<head>
    <title>JS-GPT</title>
    <style>
        body {
            font-family: Arial, sans-serif;
            margin: 0;
            padding: 0;
            background-color: #f2f2f2;
        }

        #idContainer {
            max-width: 800px;
            margin: 0 auto;
            padding: 20px;
            background-color: #fff;
```

```
        border-radius: 5px;
        box-shadow: 0 2px 5px rgba(0, 0, 0, 0.1);
    }

    textarea {
        border: 1px solid #ccc;
        border-radius: 5px;
        padding: 10px;
        resize: none;
        width: 100%;
        box-sizing: border-box;
    }

    button {
        padding: 8px 12px;
        background-color: #007bff;
        color: #fff;
        border: none;
        border-radius: 5px;
        cursor: pointer;
    }

    label {
        margin-left: 10px;
    }

    select {
        padding: 5px;
        border-radius: 5px;
    }

    #idText {
        margin-top: 10px;
        color: #999;
    }
    </style>
</head>
```

Luego de los estilos, abres el body del HTML vinculándole una función **OnLoad()**, que luego verás que hace algunos chequeos sobre el navegador:

```
<body onload="OnLoad()">
```

A continuación, la interfaz, formada por dos áreas de texto, una para las entradas y otra para las respuestas. En medio de ambas ubica una barra de comandos donde podrás seleccionar el modelo GPT a usar, idioma y algunas opciones más:

```html
<div id="idContainer">
        <!-- Área de salida de mensajes -->
        <textarea id="txtOutput" rows="10" placeholder="Chat…"></textarea>

        <div>
            <!-- Botón de enviar -->
            <button type="button" onclick="Send()" id="btnSend">Enviar</button>

            <!-- Opciones de escucha y silencio -->
            <label id="lblSpeak">
                <input id="chkSpeak" type="checkbox" onclick="SpeechToText()" />
                Escuchar
            </label>
            <label id="lblMute">
                <input id="chkMute" type="checkbox" onclick="Mute(this.checked)"
/>
                Mutear
            </label>

            <!-- Selección del modelo de lenguaje -->
            <select id="selModel">
                <option value="gpt-3.5-turbo">gpt-3.5-turbo</option>
                <option value="gpt-3.5-turbo-0301">gpt-3.5-turbo-0301</option>
                <option value="gpt-3.5-turbo-16k">gpt-3.5-turbo-16k</option>
                <option value="text-davinci-003">text-davinci-003</option>
                <option value="text-davinci-002">text-davinci-002</option>
                <option value="text-ada-001">text-ada-001</option>

            </select>

            <!-- Selección del idioma -->
            <select id="selLang" onchange="ChangeLang(this)">
                <option value="en-US">Ingles (EEUU)</option>
                <option value="fr-FR">Frances </option>
                <option value="es-ES">Español (España)</option>
                <option value="it-IT">Italiano </option>

            </select>
```

```
        <select id="selVoices"></select>
        <span id="spMsg"></span>
    </div>

    <!-- Área de entrada de mensajes -->
    <textarea id="txtMsg" rows="5" placeholder="Escribe aqui"></textarea>

    <!-- Historial de mensajes -->
    <div id="idText"></div>
</div>
```

Al final no olvides incluir la librería en JavaScript, donde estará toda la funcionalidad de uso de la API:

```
<script src=»openAiApi.js»></script>
```

Figura 2.5. La interfaz ya está armada y tiene este aspecto en cualquier navegador actual.

Antes de ver los detalles del código JavaScript, analicemos qué funciones vas a crear, su contenido y el uso que tendrá cada una de ellas.

▶ **OnLoad()**: esta función se ejecuta al cargar la página, al cargarse el body del HTML. Verifica si el navegador es compatible con la función de reconocimiento de voz (`webkitSpeechRecognition`) y la síntesis de voz (`speechSynthesis`). Si el reconocimiento de voz no es compatible, oculta el elemento llamado `lblSpeak`, ya que no tendrá sentido de uso:

```
// Función que se ejecuta cuando se carga la página
```

```
function OnLoad() {
    // Verificar si el navegador admite el reconocimiento de voz
(speech-to-text)
    if ("webkitSpeechRecognition" in window) {
        // El navegador admite el reconocimiento de voz
    } else {
        // El reconocimiento de voz no es compatible
        // Ocultar elementos relacionados con el reconocimiento de voz
        lblSpeak.style.display = "none";
    }

    // Verificar si el navegador admite la síntesis de voz (text-to-
speech)
    if ('speechSynthesis' in window) {
        // El navegador admite la síntesis de voz
        bTextToSpeechSupported = true;

        // Obtener las voces disponibles cuando cambia el evento on-
voiceschanged
        speechSynthesis.onvoiceschanged = function () {
            oVoices = window.speechSynthesis.getVoices();
            for (var i = 0; i < oVoices.length; i++) {
                selVoices[selVoices.length] = new Option(oVoices[i].
name, i);
            }
        };
    }
}
```

▶ **ChangeLang(o)**: esta función se llama cuando se cambia el idioma seleccionado en el desplegable **selLang**. Este lenguaje se corresponde con las funciones de reconocimiento de voz. Si existe el objeto de reconocimiento de voz (**oSpeechRecognizer**) creado en OnLoad, se actualiza el idioma del reconocimiento al idioma seleccionado:

```
// Función para cambiar el idioma del reconocimiento de voz
function ChangeLang(o) {
    if (oSpeechRecognizer) {
        oSpeechRecognizer.lang = selLang.value;
        // Llamar a la función SpeechToText() para aplicar el cambio
de idioma
    }
}
```

▼ **Send()**: es la función principal del código. Se llama cuando se envía un mensaje. Recupera el texto ingresado en el textbox `txtMsg` y realiza una solicitud POST a la API de OpenAI para obtener una respuesta del modelo de lenguaje. El resultado se muestra en el otro textbox llamado txtOutput. Si el texto de respuesta no está vacío, también se llama a la función TextToSpeech() para convertir el texto en audio. Veremos su código en detalle al final, ya que interactúa realmente con la API.

▼ **TextToSpeech(s)**: esta función se utiliza para convertir el texto en audio empleando la síntesis de voz del navegador. Comprueba si la funcionalidad de síntesis de voz es compatible y si el botón de silencio (`chkMute`) no está activado. Crea una instancia de SpeechSynthesisUtterance y configura la voz y el idioma según las selecciones de la página. Una vez que se completa la síntesis de voz, se inicia el reconocimiento de voz si está activado:

```
// Función para convertir texto a voz
function TextToSpeech(s) {
    if (bTextToSpeechSupported == false) {
        return;
    }
    if (chkMute.checked) {
        return;
    }

    oSpeechSynthesisUtterance = new SpeechSynthesisUtterance();

    if (oVoices) {
        var sVoice = selVoices.value;
        if (sVoice != "") {
            oSpeechSynthesisUtterance.voice =
oVoices[parseInt(sVoice)];
        }
    }

    oSpeechSynthesisUtterance.onend = function () {
        if (oSpeechRecognizer && chkSpeak.checked) {
            oSpeechRecognizer.start();
        }
    };

    if (oSpeechRecognizer && chkSpeak.checked) {
        oSpeechRecognizer.stop();
    }
```

```
oSpeechSynthesisUtterance.lang = selLang.value;
oSpeechSynthesisUtterance.text = s;

window.speechSynthesis.speak(oSpeechSynthesisUtterance);
}
```

▶ **Mute(b)**: esta función se llama cuando se cambia el estado del check de silencio (**chkMute**). Si está activado, oculta el elemento de la página llamado selVoices:

```
// Función para activar o desactivar el modo silencio (mute)
function Mute(b) {
    if (b) {
        selVoices.style.display = "none";
    } else {
        selVoices.style.display = "";
    }
}
```

▶ **SpeechToText()**: esta función se llama cuando se activa o desactiva el reconocimiento de voz mediante el check (chkSpeak). Si ya existe un objeto de reconocimiento de voz (oSpeechRecognizer), se inicia o se detiene según el estado. Si no existe un objeto de reconocimiento de voz, se crea uno nuevo utilizando **webkitSpeechRecognition** y se configuran las opciones de reconocimiento. Los resultados del reconocimiento se manejan en el evento onresult, donde se actualiza el texto del elemento txtMsg con la transcripción del habla reconocida y se llama a la función Send() para enviar el mensaje:

```
// Función para realizar el reconocimiento de voz (speech-to-text)
function SpeechToText() {
    if (oSpeechRecognizer) {
        if (chkSpeak.checked) {
            oSpeechRecognizer.start();
        } else {
            oSpeechRecognizer.stop();
        }
    }
}
```

Además, debes agregar las acciones necesarias para iniciar el reconocimiento de voz del navegador:

```
// Función para iniciar el reconocimiento de voz
function StartSpeechRecognition() {
    if (bTextToSpeechSupported) {
        oSpeechRecognizer = new webkitSpeechRecognition();
        oSpeechRecognizer.continuous = true;
        oSpeechRecognizer.interimResults = false;
        oSpeechRecognizer.lang = selLang.value;

        oSpeechRecognizer.onstart = function () {
            bSpeechInProgress = true;
        };

        oSpeechRecognizer.onend = function () {
            bSpeechInProgress = false;
            if (chkSpeak.checked) {
                oSpeechRecognizer.start();
            }
        };

        oSpeechRecognizer.onerror = function (event) {
            alert("Error en la funcion de comprension: " + event.error);
        };

        oSpeechRecognizer.onresult = function (event) {
            var i = event.resultIndex;
            var sTranscript = event.results[i][0].transcript;
            txtMsg.value += sTranscript;
        };
    }
}
```

Como puedes ver, las funciones son simples y solo realizan acciones puntuales con los componentes e información de la pantalla. Pero desglosemos la función núcleo del proyecto: **Send()**.

La primera parte de la función se encarga de obtener lo que el usuario ingresa como entrada para enviar a la API. En caso de que no haya nada, lo alerta y no continúa, para no gastar energías en una consulta vacía:

```
// Función para enviar la pregunta y obtener una respuesta de la API
function Send() {
    // Obtener la pregunta ingresada por el usuario
    var sQuestion = txtMsg.value;
    if (sQuestion == "") {
        alert("Ingresa tu mensaje");
```

```
        txtMsg.focus();
        return;
    }
```

En caso de obtener un mensaje, lo primero que hace es mostrar un mensaje para que el usuario sepa que está avanzando y debe esperar la respuesta:

```
spMsg.innerHTML = "GPT esta pensando...";
```

Ahora sí, comienzas a acercarte a la API. Empieza por setear algunas variables que serán parámetros en la llamada a la API. La URL almacena el endpoint donde la API te atenderá. Puedes obtener más información sobre los endpoints de cada versión en esta dirección.

Setea el endpoint general y toma el modelo de GPT a usar del desplegable de la pantalla:

```
var sUrl = "https://api.openai.com/v1/completions";
var sModel = selModel.value;
```

Como se puede ver en la documentación, en el caso de las versiones más nuevas, como gpt-4 y gpt-3.5-turbo, el endpoint es diferente, así que lo chequeas:

```
// Verificar si se está utilizando el modelo GPT-3.5-turbo para ajustar la
URL
if (sModel.indexOf("gpt-3.5-turbo") != -1) {
    sUrl = "https://api.openai.com/v1/chat/completions";
}
```

Crea los objetos necesarios para hacer la llamada html post a la API, enviando como parte del encabezado la ApiKey que te permita usar GPT:

```
var oHttp = new XMLHttpRequest();
oHttp.open("POST", sUrl);
oHttp.setRequestHeader("Accept", "application/json");
oHttp.setRequestHeader("Content-Type", "application/json");
oHttp.setRequestHeader("Authorization", "Bearer " + OPENAI_API_KEY);
```

Posteriormente, prepara las acciones para cuando se produce el evento de respuesta. Debes no solo chequear que se reciba, sino después darle formato de acuerdo con el contenido recibido:

```
oHttp.onreadystatechange = function () {
// Esta función se ejecuta cuando se recibe una respuesta del servidor
//El valor 4 representa el estado "DONE" (realizado), lo que significa que la
solicitud ha sido completada y la respuesta del servidor ha sido recibida co-
```

```
rrectamente
        if (oHttp.readyState === 4) {
            spMsg.innerHTML = "";

            var oJson = {};
            if (txtOutput.value != "") {
                txtOutput.value += "\n";
            }

            try {
                oJson = JSON.parse(oHttp.responseText);
            } catch (ex) {
                // Si ocurre un error al analizar la respuesta JSON, mostrar el
error en el área de salida
                txtOutput.value += "Error: " + ex.message;
            }

            if (oJson.error && oJson.error.message) {
                // Si la respuesta contiene un mensaje de error, mostrarlo en el
área de salida
                txtOutput.value += "Error: " + oJson.error.message;
            } else if (oJson.choices) {
                // Si la respuesta contiene opciones de respuesta

                var s = "";

                if (oJson.choices[0].text) {
                    // Si el texto de la respuesta está disponible, asignarlo a
la variable "s"
                    s = oJson.choices[0].text;
                } else if (oJson.choices[0].message) {
                    // Si el mensaje de la respuesta está disponible, asignar su
contenido a la variable "s"
                    s = oJson.choices[0].message.content;
                }

                if (selLang.value != "en-US") {
                    // Verificar si el idioma seleccionado no es inglés (Estados
Unidos)

                    var a = s.split("?\n");
                    if (a.length == 2) {
                        // Si el texto de la respuesta contiene un separador
"?\n", asignar la segunda parte a la variable "s"
                        s = a[1];
```

```
                }
            }

            if (s == "") {
                // Si no hay respuesta, asignar "Sin respuesta" a la varia-
ble "s"

                s = "Sin respuesta";
            } else {
                // Si hay una respuesta, agregarla al área de salida y con-
vertirla a voz

                txtOutput.value += "GPT: " + s;
                TextToSpeech(s);
            }
        }
    }
};
```

Para entender con más detalle la función anterior, veamos cómo está conformada la respuesta que recibirás de la API. Obviamente, puedes darte cuenta de que llegará con formato JSON.

El formato estándar de la respuesta es un JSON como el siguiente:

```
{
    "id":"chatcmpl-abc123",
    "object":"chat.completion",
    "created":1677858242,
    "model":"gpt-3.5-turbo-0301",
    "usage":{
        "prompt_tokens":13,
        "completion_tokens":7,
        "total_tokens":20
    },
    "choices":[
        {
            "message":{
                "role":"assistant",
                "content":"\n\Esta es una respuesta"
            },
            "finish_reason":"stop",
            "index":0
        }
    ]
}
```

Los primeros valores siempre están presentes e indican:

▼ **Id**: identificación única asignada por OpenAI a la respuesta. Esta información puede ayudar a rastrear las interacciones entre la API y los usuarios.

▼ **Object**: tipo de tarea realizada.

▼ **Created**: marca de tiempo de la creación de la respuesta.

▼ **Model**: modelo utilizado para generar la respuesta.

▼ **Usage**: información sobre la longitud en tokens de la tarea. Se puede usar para monitorear el costo de la API. Incluye por defecto tres datos: `prompt_tokens` indica la cantidad de tokens en la solicitud; `completion_tokens` indica el número de tokens en el mensaje generado por la API; y `total_tokens` es la suma de ambos, en definitiva, el total de tokens consumidos y que se facturarán.

Para saber el costo exacto de una llamada a la API, debes multiplicar el valor de `total_tokens` por el costo del modelo por token. Ten en cuenta que OpenAI muestra el precio de 1000 tokens, por lo que tendrás que dividir este número por 1000 para obtener el precio por token. Por ejemplo, si usas un modelo que cuesta U$0,002 por 1000 tokens, y `total_tokens` es 32, puedes calcular el costo total de la siguiente manera:

0,002 / 1000 * 32 = 0,000064

Esta llamada API costaría U$0,000064.

Pero después de estos campos, viene el más importante de todos, choices, que contiene la o las respuestas de GPT a la consulta y presenta el siguiente formato:

```
[choices] => Array
        (
            [0] => Array
                (
                    [index] => 0
                    [message] => Array
                        (
                            [role] => assistant
                            [content] => MENSAJE
                        )
```

```
                            [finish_reason] => stop
                    )


            )
```

Donde:

- ▶ **Index** es el índice, comenzando en 0, del mensaje generado.

- ▶ **Message** es un arreglo que contiene la información sobre el mensaje generado.

- ▶ **Role** es el **rol** del autor del mensaje, es decir cómo está actuando GPT al dar la respuesta.

- ▶ **Content** es el mensaje en sí.

- ▶ **Finish reason** es el motivo por el cual la API detuvo la generación del mensaje. Por defecto será stop, es decir, el modelo detuvo la generación sin ninguna restricción. Puede cambiar si indicó un parámetro de detención al llamar a la API, por ejemplo.

Por defecto, choices contendrá, como en la solicitud anterior, solo un mensaje de respuesta, pero puede configurarse el parámetro "n" en la llamada a la API para generar múltiples opciones de mensajes. Veremos ejemplos más adelante.

Si quieres ver el formato de la respuesta en vivo en tu ejecución, puedes modificar el código try-catch que formatea el JSON de respuesta por este otro, y entonces la respuesta quedará impresa en la consola de JavaScript del navegador:

```
try {
            oJson = JSON.parse(oHttp.responseText);
            console.log(JSON.stringify(oJson, null, 4));
    } catch (ex) {
            // Si ocurre un error al analizar la respuesta JSON, mostrar el
error en el área de salida
            txtOutput.value += "Error: " + ex.message;
            console.log("Error: " + ex.message);
        }
```

En la consola de depuración del navegador podrás ver detalladamente la respuesta recibida:

```
┌─────────────────────────────────────────────────────────────────────────────────┐
│ ⊡  ⊘   top ▼   ◎   Filtrar              Niveles predeterminados ▼   Sin problemas  ⚙ │
│  {                                                                 openAiApi.js:97 │
│      "id": "chatcmpl-7TxqQLZ2Q0GkiiuCKAckhKgexRziX",                               │
│      "object": "chat.completion",                                                 │
│      "created": 1687375910,                                                       │
│      "model": "gpt-3.5-turbo-0301",                                               │
│      "choices": [                                                                 │
│          {                                                                        │
│              "index": 0,                                                          │
│              "message": {                                                         │
│                  "role": "assistant",                                             │
│                  "content": "Soy una inteligencia artificial y no tengo emociones, pero estoy aquí para ayudarte │
│   en lo que necesites. ¿En qué puedo ayudarte hoy?"                               │
│              },                                                                    │
│              "finish_reason": "stop"                                              │
│          }                                                                        │
│      ],                                                                            │
│      "usage": {                                                                   │
│          "prompt_tokens": 12,                                                     │
│          "completion_tokens": 32,                                                 │
│          "total_tokens": 44                                                       │
│      }                                                                            │
│  }                                                                                │
│  >                                                                                │
└─────────────────────────────────────────────────────────────────────────────────┘
```

Figura 2.6. Respuesta recibida.

Continuando con la función principal **Send()**, vamos a analizar los parámetros de la API, pero en este caso, del mensaje de entrada o prompt enviado inicialmente.

En el contexto del uso de la API de GPT, estos datos se utilizan para configurar y personalizar la solicitud de generación de texto.

- **MaxTokens**: especifica el número máximo de tokens (unidades de texto, como palabras o caracteres) que se generarán como respuesta. En este caso, se estableció en 30 tokens.

- **UserId**: identificador del usuario que realiza la solicitud. En este caso, se establece en 1, pero normalmente se utilizaría un identificador único para cada usuario.

- **Temperature**: parámetro que controla la aleatoriedad de las respuestas generadas. Un valor más bajo, como 0.5, produce respuestas más determinísticas; mientras que un valor más alto, como 1.0, genera respuestas más aleatorias.

- **Data**: objeto que contiene los parámetros de la solicitud de generación de texto. Aquí se especifica el modelo a utilizar (**sModel**), la pregunta o prompt del usuario (**sQuestion**) y los parámetros de generación mencionados anteriormente. Estos últimos se emplean para influir en el comportamiento del modelo, y controlar la longitud y el contenido de las respuestas generadas.

Tenemos entonces el seteo inicial de estos datos de entrada:

```
var iMaxTokens = 30;
var sUserId = "1";
var dTemperature = 0.5;

var data = {
    model: sModel,
    prompt: sQuestion,
    max_tokens: iMaxTokens,
    user: sUserId,
    temperature: dTemperature,
    frequency_penalty: 0.0,
    presence_penalty: 0.0,
    stop: ["#", ";"]
};
```

Luego de ello, en caso de usar el modelo turbo de GPT, puedes modificar la estructura para adecuarla a esta versión:

```
// Verificar si se está utilizando el modelo GPT-3.5-turbo para ajustar la es-
tructura de la solicitud
    if (sModel.indexOf("gpt-3.5-turbo") != -1) {
        data = {
            "model": sModel,
            "messages": [
                {
                    "role": "user",
                    "content": sQuestion
                }
            ]
        };
    }
```

Es posible ver detalles de la estructura de entrada en la llamada a la API desde **esta dirección**.

Finalmente, envías el pedido a la API y ajustas el contenedor de mensajes con la nueva consulta realizada:

```
oHttp.send(JSON.stringify(data));

    if (txtOutput.value != "") {
        txtOutput.value += "\n";
    }
    txtOutput.value += "Me: " + sQuestion;
```

```
        txtMsg.value = "";
```

En resumen, viste hasta aquí el código que implementa una interfaz para interactuar con varios modelos GPT de IA de OpenAI usando su API, lo que permite al usuario enviar mensajes de texto o hablar para obtener respuestas generadas por el modelo (**Figura 2.7.**).

Figura 2.7. Alternativamente, si manejas un entorno con Node, puedes usar los clientes de Node.js disponibles para la API oficial de ChatGPT. Estos clientes proporcionan un framework ya creado alrededor de la API de OpenAI usando Next.js.

En conclusión, el uso de la API de ChatGPT en JavaScript permite aprovechar las potentes capacidades de procesamiento de lenguaje natural del modelo de lenguaje GPT. Siguiendo los pasos descriptos anteriormente, es posible integrar la API de ChatGPT en proyectos simples y crear aplicaciones conversacionales con facilidad.

2.5 USAR LA API DE OPENAI DESDE PHP

Usar la API con JavaScript es una excelente forma rápida de implementación, sin necesidad de crear un entorno de programación complejo, pero no otorga flexibilidad en cuanto a la posibilidad de manejar consultas o respuestas muy extensas, y además, no es la mejor manera de usar tu API Key, ya que difícilmente puedas protegerla si la colocas en un archivo de JavaScript, por más que lo intentes.

Es por ello que continuaremos este recorrido viendo cómo usar la API desde otros lenguajes de programación, que se ejecutan del lado del servidor.

Para utilizar la API de ChatGPT en PHP, debes configurar el entorno para realizar las llamadas a las APIs correspondientes. En esta sección, exploraremos el proceso paso a paso para usar la API de ChatGPT en PHP. Sigue estas instrucciones para integrar la API a la perfección en tu aplicación y desbloquear su potencial.

Haremos uso de la API desde PHP del modo más simple, con la biblioteca **cURL**, para más adelante, usar librerías más avanzadas de PHP.

PASO 1

Obtener credenciales de API; este tema ya fue visto anteriormente.

Para usar la API de ChatGPT en PHP, debes asegurarte de que tu entorno de desarrollo esté configurado correctamente. Dando por sentado que ya tienes corriendo un servidor como Apache o nginx, incluso sobre Windows, sigue estos pasos para configurar dicho entorno PHP.

PASO 2

Instala cURL, una biblioteca que te permite realizar solicitudes HTTP desde PHP. Con ella es posible transferir datos a través de una URL usando diversas opciones de seguridad. Es compatible con protocolos como FTP, HTTP, HTTPS, Telnet, HTTP POST, HTTP PUT y muchos más.

La utilidad cURL hace uso de líneas de comandos o scripts para llevar a cabo la transferencia de los datos; es por eso que es una de las herramientas más populares.

Asegúrate de que cURL esté instalado y habilitado en tu entorno PHP.

Para saber si tienes instalada esta herramienta, en la consola de tu servidor escribe **curl –help**:

```
cbottini@ESCRITORIO-CLAUD  ×   +  ∨

cbottini@ESCRITORIO-CLAUDIO:~$
cbottini@ESCRITORIO-CLAUDIO:~$ curl --help
Usage: curl [options...] <url>
 -d, --data <data>          HTTP POST data
 -f, --fail                 Fail silently (no output at all) on HTTP errors
 -h, --help <category>      Get help for commands
 -i, --include              Include protocol response headers in the output
 -o, --output <file>        Write to file instead of stdout
 -O, --remote-name          Write output to a file named as the remote file
 -s, --silent               Silent mode
 -T, --upload-file <file>   Transfer local FILE to destination
 -u, --user <user:password> Server user and password
 -A, --user-agent <name>    Send User-Agent <name> to server
 -v, --verbose              Make the operation more talkative
 -V, --version              Show version number and quit

This is not the full help, this menu is stripped into categories.
Use "--help category" to get an overview of all categories.
For all options use the manual or "--help all".
cbottini@ESCRITORIO-CLAUDIO:~$
```

En caso negativo, puede instalarlo usando este comando:

```
sudo apt install curl
```

Una vez que tienes la herramienta funcionado, solo resta probar el acceso a la API desde PHP con este método sencillo.

Para hacerlo tienes que generar un archivo PHP, llamado **indexcURL.php**, en el directorio de tu entorno, y dentro colocar el siguiente código:

```php
$curl = curl_init();     // iniciamos una sesion de cURL
```

De esta forma, inicias una sesión de cURL utilizando la función **curl_init()**. Esto te permitirá, a futuro, realizar solicitudes HTTP usando cURL.

Luego incluye tu API Key:

```
$API_KEY = "sk-nnnnnnnnnnnnnnnn";
```

Después ya puedes configurar las opciones de la solicitud cURL. Se establece la URL de la API (**$url**) y se especifica que se realizará una solicitud POST. Además, se habilita la opción **CURLOPT_RETURNTRANSFER** para que cURL devuelva la respuesta en vez de imprimirla directamente:

```
$url = "https://api.openai.com/v1/completions";
curl_setopt($curl, CURLOPT_URL, $url);
curl_setopt($curl, CURLOPT_RETURNTRANSFER, true);
curl_setopt($curl, CURLOPT_POST, true);
```

El siguiente paso es definir los encabezados de la solicitud HTTP que se enviará a la API. Estos encabezados incluyen el tipo de contenido (**Content-Type**) que se establece como JSON, y la autorización (**Authorization**) que utiliza la API Key como token de acceso:

```
$headers = array(
    "Content-Type: application/json",
    "Authorization: Bearer $API_KEY"
);
curl_setopt($curl, CURLOPT_HTTPHEADER, $headers);
```

Resta indicar el cuerpo de la solicitud HTTP en formato JSON. El objeto $data contiene los datos necesarios para la generación de texto. Especifica el modelo a utilizar (model), la pregunta o prompt (prompt), la **temperatura** (temperature) que controla la creatividad de las respuestas generadas, y el número máximo de tokens (max_tokens) a utilizar en la respuesta:

```
$data = array(
    "model" => "text-davinci-003",
    "prompt" => "Como esta el clima en Mexico hoy?",
    "temperature" => 0.5,
    "max_tokens" => 100 );
curl_setopt($curl, CURLOPT_POSTFIELDS, json_encode($data));
```

Ahora sí, por último, ejecuta la solicitud cURL utilizando **curl_exec()** y obtendrás la respuesta.

Luego, decodifica el JSON de la respuesta por medio de **json_decode()** y extrae el texto generado de la primera opción de respuesta disponible.

Finalmente se muestra el texto generado utilizando **echo**, y se cierra la sesión cURL con **curl_close()**:

```
$response = curl_exec($curl);
$response = json_decode($response, true

$generated_text = $response['choices'][0]['text'];
echo $generated_text;

curl_close($curl);
```

Con este código, puedes hacer una primera prueba de uso con solo cargar la URL de tu PHP en cualquier navegador, para que se ejecute el código PHP. Obtendrás algo similar a la respuesta que vemos en la imagen.

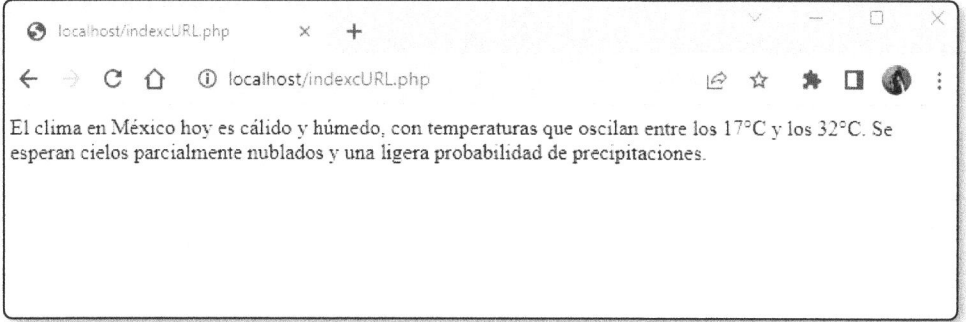

Figura 2.8. Ya has logrado usar la API de OpenAI desde un lenguaje de servidor como PHP, con lo cual tu API Key no quedará expuesta. Pero además puedes hacer uso de la potencia del lenguaje para dar más funcionalidades y complejidad a su uso.

2.6 ACTIVIDADES

A continuación verás las preguntas y los ejercicios que deberías saber responder y resolver para considerar aprendido el capítulo.

2.6.1 Test de autoevaluación

1. *Explica brevemente el concepto de temperatura, que se usa como parámetro en las llamadas de la API.*

2. *Enumera los requerimientos mínimos para poder usar la API desde PHP.*

3. *Explica las diferencias entre usar la API Key desde JavaScript y desde PHP, en cuanto al nivel de exposición y seguridad.*

2.6.2 Ejercicios prácticos

1. *Realiza los pasos necesarios para obtener una API Key de OpenAI, nómbrala como "firstKey".*

2. *Genera un código en JavaScript para usar la key generada en el ejercicio anterior, de forma que al ejecutarlo le pregunte a GPT qué día de la semana fue el 1° de enero del año 2000, y muestra la respuesta en pantalla.*

3. *Realiza los pasos necesarios para instalar cURL en el entorno PHP y hacer las llamadas a la API para obtener como resultado una lista de películas de terror de la década de 1990.*

3

USO AVANZADO CON LIBRERÍAS

Ya hemos realizado los pasos necesarios para activar una API Key y utilizar la API de OpenAI. Ahora tenemos por delante la tarea de hacer un uso más avanzado de ella e integrarla a proyectos existentes, sin preocuparnos por los detalles de implementación de las llamadas.

Para esto son fundamentales las librerías que encapsulan y resuelven las tareas rutinarias, con el fin de que nos centremos en la parte del desarrollo más productiva.

3.1 LIBRERÍAS

Para usar la API de OpenAI de ChatGPT no necesitas estar familiarizado con los modelos GPT, pero los irás comprendiendo a medida que avances en el trabajo. Como te conectarás a la API usando PHP, obviamente debes tener conocimientos básicos sobre este lenguaje, no tanto porque programarás código complejo de comprender, sino porque tienes que poder instalar y vincular las librerías necesarias, y saber cómo realizar las configuraciones básicas de los parámetros.

Figura 3.1.

Seguramente, vincularás ChatGPT a un desarrollo existente en la mayoría de los casos, lo que hace más simple la tarea porque el funcionamiento de fondo seguirá siendo el que tenías, pero le agregarás algún tipo de "inteligencia extra" mediante el uso de la API de OpenAI.

Para la vinculación con la API, usaremos en este caso la biblioteca más popular de PHP, entre varias existentes, en **esta dirección**.

An OpenAI API Client (SDK) for Your PHP Projects

Figura 3.2. La biblioteca cliente que usarás es responsabilidad de OpenAI-PHP y de uso libre (licencia MIT), y está lista para resolver todo lo necesario para comunicarte con la API de OpenAI.

Existe una lista bastante completa de bibliotecas similares, proporcionada por OpenAI, la encuentras en **esta dirección**.

Figura 3.3. Bibliotecas.

En este caso hemos elegido esta por algunas razones particulares:

▶ Es recomendada por la propia compañía OpenAI, lo cual resulta una garantía razonable de que se puede confiar en ella.

▶ Es la biblioteca cliente con mayor cantidad de estrellas y buenas referencias en GitHub entre todos los enlaces a librerías de PHP para la API de OpenAI.

▶ Es fácil de instalar y usar, comparada con algunas similares. Solo requiere instalación y puede automatizarse con Composer.

▶ Por último, y no menos importante (al contrario), se actualiza periódicamente para adoptar los cambios en la API y los nuevos modelos de OpenAI. Incluye al momento las actualizaciones requeridas para hacer uso de los nuevos modelos GPT lanzados hace menos de un mes.

De todas formas, también las librerías de **Tectalic** y de **Orhanerday** son excelentes, con características similares de uso.

Para instalar Open-PHP Client solo debes abrir una terminal en el servidor donde corres PHP, ir al directorio raíz principal del sitio web o aplicación donde quieres hacer uso de la API y ejecutar el comando Composer de la siguiente manera:

```
composer require openai-php/client
```

```
cbottini@ESCRITORIO-CLAUD  ×    +   ∨

cbottini@ESCRITORIO-CLAUDIO:~$ composer require openai-php/client
Info from https://repo.packagist.org: #StandWithUkraine
./composer.json has been updated
Running composer update openai-php/client
Loading composer repositories with package information
Updating dependencies
Lock file operations: 8 installs, 0 updates, 0 removals
  - Locking nyholm/psr7 (1.8.0)
  - Locking psr/container (2.0.2)
  - Locking psr/http-factory (1.0.2)
  - Locking psr/log (3.0.0)
  - Locking symfony/deprecation-contracts (v3.2.1)
  - Locking symfony/http-client (v6.2.10)
  - Locking symfony/http-client-contracts (v3.2.1)
  - Locking symfony/service-contracts (v3.2.1)
Writing lock file
Installing dependencies from lock file (including require-dev)
Package operations: 8 installs, 0 updates, 0 removals
  - Downloading psr/http-factory (1.0.2)
  - Downloading nyholm/psr7 (1.8.0)
  - Downloading psr/container (2.0.2)
  - Downloading symfony/service-contracts (v3.2.1)
  - Downloading symfony/http-client-contracts (v3.2.1)
  - Downloading symfony/deprecation-contracts (v3.2.1)
  - Downloading psr/log (3.0.0)
  - Downloading symfony/http-client (v6.2.10)
  - Installing psr/http-factory (1.0.2): Extracting archive
  - Installing nyholm/psr7 (1.8.0): Extracting archive
  - Installing psr/container (2.0.2): Extracting archive
  - Installing symfony/service-contracts (v3.2.1): Extracting archive
```

Figura 3.4. El único requisito de la librería, sin el cual ni siquiera podrás instalarla, es contar con las últimas versiones de PHP, así que debes tener corriendo al menos PHP 8.1.

Si no obtuviste ningún error en la instalación, puedes comenzar a usar la API de OpenAI con PHP de manera inmediata.

Antes de adentrarnos en el código en sí, veamos de cumplir con el otro requisito necesario para cualquier proyecto: tener una key de la API de OpenAI.

```
Fatal error: Uncaught OpenAI\Exceptions\ErrorException: You didn't provide an API key. You need to provide your API key in an Authorization header using Bearer auth (i.e. Authorization:
Bearer YOUR_KEY), or as the password field (with blank username) if you're accessing the API from your browser and are prompted for a username and password. You can obtain an API key
from https://platform.openai.com/account/api-keys. in /var/www/html/vendor/openai-php/client/src/Transporters/HttpTransporter.php:129 Stack trace: #0 /var/www/html/vendor/openai-
php/client/src/Resources/Completions.php(32): OpenAI\Transporters\HttpTransporter->throwIfJsonError() #1 /var/www/html/vendor/openai-
php/client/src/Resources/Completions.php(32): OpenAI\Transporters\HttpTransporter->requestObject() #2 /var/www/html/index.php(25): OpenAI\Resources\Completions->create() #3 {main}
thrown in /var/www/html/vendor/openai-php/client/src/Transporters/HttpTransporter.php on line 129
```

Figura 3.5. La biblioteca requiere una API Key válida para interactuar con los modelos de OpenAI. Este error es el clásico cuando no la incluyes o hay problemas con su valor.

A esta altura, seguramente ya tienes la clave necesaria, pero recuerda que su uso no es realmente gratuito. Debes tener crédito restante si quieres ejecutar llamadas al motor de ChatGPT mediante la API. De todas formas, esto no es un inconveniente a la hora de comenzar a trabajar. Por defecto, OpenAI otorga algunos dólares de crédito para iniciarte en tu proyecto, y es más que suficiente para hacer pruebas y un uso real inicial. El crédito dura unos pocos días (fueron 3 meses al comienzo, 30 días después y sigue bajando, pero alcanza para poder probar el código sin gastar antes de estar seguros de su funcionamiento). Este crédito se consumirá de acuerdo con la tabla de costos que puedes consultar en esta dirección.

Sin salir de la pantalla donde creas las API Keys, puedes ir al menú Usage para consultar tus consumos. Ten en cuenta que, además de consumirlos, los créditos gratuitos expiran, así que una vez que los obtienes, trata de hacer buen uso de ellos inmediatamente en lo posible.

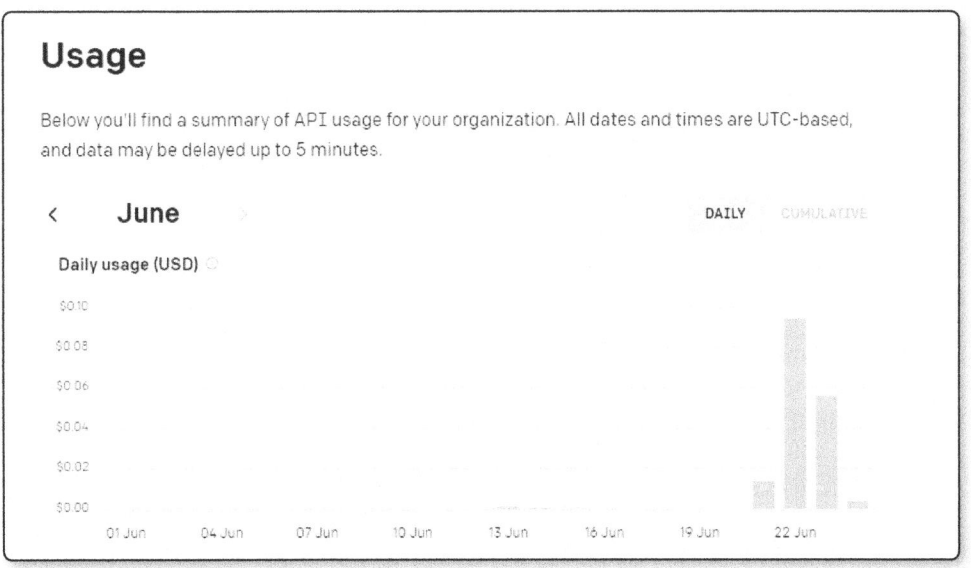

Figura 3.6. En caso de que ya estés seguro de este punto, avanza en hacer uso de la API en el modo pago. La metodología de facturación es por uso mensual, lo que resulta muy bueno, porque permite ir viendo tus consumos antes que se debiten del medio de pago (tarjeta de crédito) que hayas cargado.

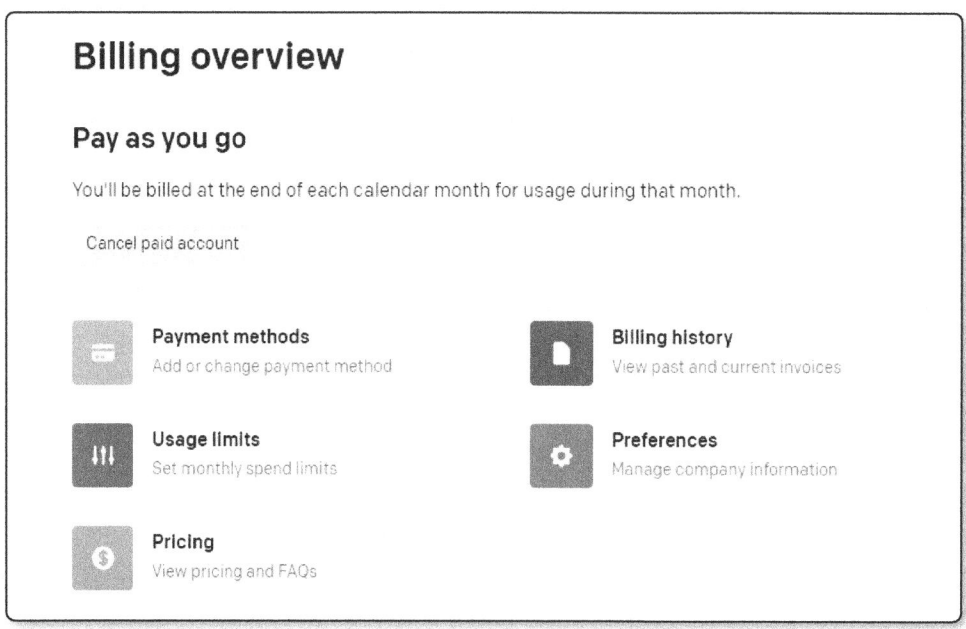

Figura 3.7. La sección de pago de la cuenta de OpenAI muestra datos y recursos, y permite configurar el modo de uso para controlar los consumos al usar la API.

Una vez generada la API Key, debes tenerla a mano para realizar las llamadas desde el código fuente. Hay varias formas de hacerlo.

La primera de ellas, posiblemente la más recomendable, es usar una variable de entorno del sistema operativo para almacenarla. Por ejemplo, con las versiones de Linux Ubuntu/Debian, puedes ejecutar:

```
export MY_OPENAI_KEY={tu clave}
```

Obviamente, reemplaza {tu clave} por la clave API de OpenAI válida.

Luego, desde cualquier lugar del código PHP, obtienes el valor de esta variable de entorno con:

```php
<?php
$suApiKey = getenv ( 'MY_OPENAI_KEY' );
.... //resto de su script
?>
```

Si no tienes acceso a las variables de entorno del sistema operativo, la alternativa más simple es definir una constante de PHP en un archivo separado que necesitarás incluir después en todos los archivos PHP que estén usando la API.

En este caso, puedes crear un archivo OpenAikey.php, preferentemente, fuera del directorio principal del sitio web, por seguridad, y escribir en él:

```php
<?php
define ('MY_OPENAI_KEY' . '{APY-KEY}');
?>
```

Luego, incorpora este archivo en la parte superior de todos los archivos que usarán la API:

```php
<?php
require_once("ruta al archivo OpenAikey.php ");
$MiApiKey = MY_OPENAI_KEY;
....
//resto del código script
?>
```

Ya estás en condiciones de hacer algunas primeras pruebas para entender el uso de la librería y ver si tienes el entorno completo preparado para el trabajo.

En un archivo PHP cualquiera, vas a probar algunas funciones básicas incluidas en la librería.

Primero, lo esencial: para cualquier código donde quieras hacer uso de la librería y la API, agrega estas líneas:

```php
//Incluimos la librería, en caso de no haberla instalado con composer incluimos
el camino real hasta la misma manualmente
require_once('vendor/autoload.php');

//Declaramos nuestra Key
const yourApiKey - "sk-4zz6cshhpCssFjNNNNNN";

//Creamos un objeto del cliente OpenAI
$client = OpenAI::client(yourApiKey);
```

Una vez que tienes tu objeto OpenAI::client, puedes hacer llamadas a las diferentes funciones y métodos que encapsula. Comienza por obtener la lista de modelos disponibles en la API, haciendo la siguiente llamada:

```php
/listar modelos disponibles
$response = $client->models()->list();
```

Como la respuesta es un objeto, conviértelo en un arreglo, por ejemplo, para imprimirlo en pantalla de una forma legible:

```php
print_r($response->toArray())
```

Y obtén la lista de modelos disponibles en este momento en OpenAI:

```
Array
(
    [object] => list
    [data] => Array
        (
            [0] => Array
                (
                    [id] => whisper-1
                    [object] => model
                    [created] => 1677532384
                    [owned_by] => openai-internal
                    [permission] => Array
                        (
                            [0] => Array
                                (
                                    [id] => modelperm-KlsZlfft3Gma8pI6A8rTnyjs
                                    [object] => model_permission
                                    [created] => 1683912666
                                    [allow_create_engine] =>
                                    [allow_sampling] => 1
                                    [allow_logprobs] => 1
                                    [allow_search_indices] =>
                                    [allow_view] => 1
                                    [allow_fine_tuning] =>
                                    [organization] => *
                                    [group] =>
                                    [is_blocking] =>
                                )

                        )

                    [root] => whisper-1
                    [parent] =>
                )

            [1] => Array
                (
                    [id] => babbage
                    [object] => model
                    [created] => 1649358449
                    [owned_by] => openai
                    [permission] => Array
                        (
                            [0] => Array
                                (
                                    [id] => modelperm-49FUp5v084tBB49tC4z8LPH5
                                    [object] => model_permission
                                    [created] => 1669085501
```

Figura 3.8. Como puedes ver, devuelve no solo los nombres de los modelos, sino también ciertos datos de cada uno. Esta impresión completa permite reconocer los campos devueltos y, entonces, puedes hacer uso de ellos para mostrar los resultados que te interesan y de la manera que más te guste visualmente.

Por ejemplo, si quieres devolver solo los nombres de los modelos disponibles en un selector, haz uso de las propiedades del objeto **resultado**:

```
$html="";

//listar modelos disponibles
$response = $client->models()->list();
foreach ($response->data as $modelo) {
    $html.= "<option value='".$modelo->id."'>".$modelo->id."</option>";
}

echo "<select>".$html."</select>";
```

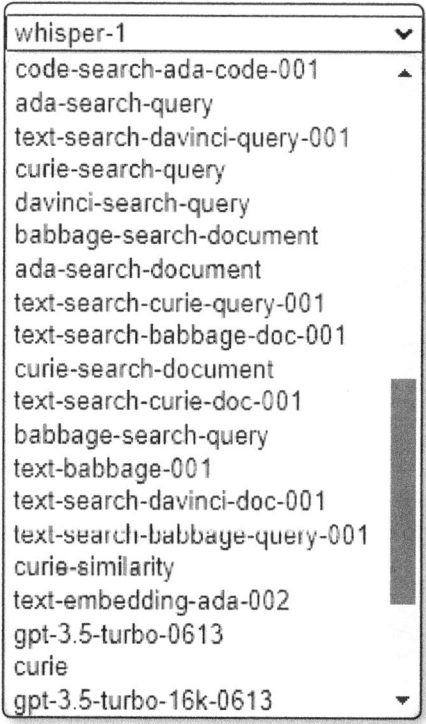

Figura 3.9. De esta forma, puedes tener una lista siempre actualizada
en línea de los modelos disponibles para GPT.

La librería permite pedir información específica de un modelo en caso de ser necesario:

```
//Info de un modelo
$response = $client->models()->retrieve('text-davinci-003');
print_r($response->toArray())
```

Básicamente, es una forma simple de solo traer la información del modelo que te interesa, en vez de recorrer la lista de todos los disponibles:

```
Array
(
    [id] => text-davinci-003
    [object] => model
    [created] => 1669599635
    [owned_by] => openai-internal
    [permission] => Array
        (
            [0] => Array
                (
                    [id] => modelperm-OCpZQfjQpoXnuT1DcEr3TtVy
                    [object] => model_permission
                    [created] => 1686222972
                    [allow_create_engine] =>
                    [allow_sampling] => 1
                    [allow_logprobs] => 1
                    [allow_search_indices] =>
                    [allow_view] => 1
                    [allow_fine_tuning] =>
                    [organization] => *
                    [group] =>
                    [is_blocking] =>
                )

        )

    [root] => text-davinci-003
    [parent] =>
)
```

Figura 3.10. Con estos breves ejemplos, ya conoces cómo son las llamadas a un objeto de la librería y puedes darte cuenta de que esta te permite centrarte en consultar y luego formatear o usar los datos de respuesta de la manera más adecuada para el caso, sin preocuparte por los detalles de los parámetros de la llamada a la API, entre otros aspectos.

Ahora puedes avanzar y empezar a hacer llamadas a los diferentes modelos, para conocer cómo se reciben con la librería las respuestas de GPT.

3.2 COMPLETAR TAREAS CON MODELOS GPT DESDE OPENAI - PHP

El cliente PHP de OpenAI admite todas las tareas accesibles a través de la API de OpenAI.

Comenzarás a ver las características de uso de la librería con el tipo de tareas **completions**, tareas de finalización, utilizando modelos GPT. En estas tareas, solicitamos al modelo un texto y la API responde agregando texto después de este mensaje.

Hay dos tipos de tareas de finalización propuestas por la API:

► **Estándar**: se solicita un modelo GPT-3 o GPT-4 y luego se generan tokens siguiendo este mensaje.

► **Chat**: dada una lista de mensajes que describen un historial de conversación, el modelo devolverá una respuesta. En este caso, el indicador es un conjunto de mensajes con información sobre si fue escrito por el modelo o por el usuario.

Veremos cómo usar el cliente PHP de OpenAI para estos dos tipos de tareas, con algunas variantes interesantes.

Primero, necesitas un objetivo: ¿qué quieres que logre el modelo GPT? Imagina como primer ejemplo que deseas que traduzca una frase al inglés. Para hacerlo, tienes que usar alguno de los modelos válidos para **completions**, por ejemplo, text-davinci-003.

La estructura de uso de la librería para este tipo de llamadas es muy simple. Le pides al objeto cliente la tarea y le indicas con qué modelo realizarla, en formato de lenguaje de objetos:

```
$client->completions()->créate(parámetros)
```

Para este caso puntual, el código real es:

```
//Uso para completions
$response = $client->completions()->create([
    'model' => 'text-davinci-003',
    'prompt' => 'Traduce al ingles la frasea: La inteligencia artificial crece
rápidamente',
    'max_tokens' => 50,
    'temperature' => 0.5
]);

print_r($response->toArray())
```

Puedes observar que **create** recibe un arreglo de parámetros que le permite saber qué tiene que realizar con precisión: el modelo, el prompt de entrada, el máximo de tokens a usar, la temperatura de la respuesta, entre otros que puedes indicarle.

Los parámetros para las tareas de completions se obtienen de la documentación oficial, en esta dirección.

La respuesta obtenida es la que se muestra en la Figura 3.11.:

```
Array
(
    [id] => cmpl-7VKGrur0jctc3YYtoMuyUMIXs5sQa
    [object] => text_completion
    [created] => 1687700445
    [model] => text-davinci-003
    [choices] => Array
        (
            [0] => Array
                (
                    [text] =>

Artificial Intelligence is growing rapidly.
                    [index] => 0
                    [logprobs] =>
                    [finish_reason] => stop
                )

        )

    [usage] => Array
        (
            [prompt_tokens] => 23
            [completion_tokens] => 9
            [total_tokens] => 32
        )

)
```

Figura 3.11. Si analizas, podrás identificar tres partes fundamentales, que sirven para distintos propósitos.

Primero recibes 4 campos informativos generales de la respuesta, que son el id único de la respuesta (**id**), el tipo de objeto (**object**), la marca de tiempo (**created**) y el modelo usado (**model**). Esta información es general de la respuesta y puedes obtenerla individualmente con:

```
$response->id
$response->object;
$response->created;
$response->model;
```

```
[choices] => Array
    (
        [0] => Array
            (
                [text] =>
Artificial Intelligence is growing rapidly.
                [index] => 0
                [logprobs] =>
                [finish_reason] => stop
            )

    )
```

Figura 3.12. Luego comienza la respuesta propiamente dicha. La o las respuestas de GPT están almacenadas en un arreglo choices, dentro del cual, para cada respuesta existente en el campo text, está la respuesta en sí, y después aparecen otros campos informativos, de los cuales el más útil normalmente es finish_reason.

```
[usage] => Array
    (
        [prompt_tokens] => 23
        [completion_tokens] => 9
        [total_tokens] => 32
    )
```

Figura 3.13. Posteriormente a los resultados almacenados en choices, hay otra serie de campos generales, únicos, no importa la cantidad de respuestas obtenidas.

Estos campos resumen estadísticas del uso de la API para la llamada realizada, con el detalle del consumo de tokens.

Un parámetro que puedes agregar con cuidado en la llamada, para comprender mejor cómo funcionan los datos de respuesta, es **n**, para pedir más de una respuesta en la misma llamada. Debes usar **n** con cuidado y solo si es necesario, debido a que incrementa rápidamente el consumo de tokens que haces en la API Key.

Si ejecutas:

```
$response = $client->completions()->create([
    'model' => 'text-davinci-003',
    'prompt' => 'Traduce al ingles la frasea: La inteligencia artificial crece
ràpidamente',
    'max_tokens' => 50,
    'temperature' => 0.5,
    "n" => 3
]);
```

```
Array
(
    [id] => cmpl-7VKEyreoTGVpYZt4wQ92r4FZXQ3sK
    [object] => text_completion
    [created] => 1687700328
    [model] => text-davinci-003
    [choices] => Array
        (
            [0] => Array
                (
                    [text] =>
The intelligence artificial is growing rapidly.
                    [index] => 0
                    [logprobs] =>
                    [finish_reason] => stop
                )

            [1] => Array
                (
                    [text] =>
Artificial intelligence is growing rapidly.
                    [index] => 1
                    [logprobs] =>
                    [finish_reason] => stop
                )

            [2] => Array
                (
                    [text] =>
Artificial intelligence is growing quickly.
                    [index] => 2
                    [logprobs] =>
                    [finish_reason] => stop
                )

        )

    [usage] => Array
        (
            [prompt_tokens] => 23
            [completion_tokens] => 27
            [total_tokens] => 50
        )

)
```

Figura 3.14. La primera y última parte de la respuesta se mantiene similar, con los datos generales, pero el arreglo choices contiene ahora tres valores, con texto y razón de finalización para cada uno de ellos.

Podrías formatear la salida fácilmente para dejar lo importante de este modo:

```
//Ciclamos por las respuestas
foreach ($response->choices as $respuesta) {
    echo $respuesta->text."(".$respuesta->finishReason.")".PHP_EOL; // la res-
puesta y su motivo de finalizacion
}
//Mostramos el consumo sobre la Api
echo 'Tokens consumidos: '.$response->usage->promptTokens."+".$response->usage-
>completionTokens."=".$response->usage->totalTokens;
```

```
Tokens consumidos: 21+27=48

Artificial Intelligence is growing rapidly.(stop)

Artificial intelligence is growing rapidly.(stop)

Artificial intelligence is growing rapidly.(stop)
```

Figura 3.15. Obviamente, no parece muy interesante obtener tres respuestas iguales, lo que consume el triple de tokens. Esto es cierto y se debe a que, para una pregunta que probablemente tiene una única respuesta correcta, no tiene sentido pedir tres devoluciones a GPT. Pero, por ejemplo, si quieres que complete una frase o texto, esta opción se vuelve más interesante.

Por ejemplo, pídele que complete la frase:

```
'prompt' => 'El futuro de la humanidad está en manos de ',
```

Y modifica la línea de código dentro del ciclo, para formatear mejor las respuestas:

```
    echo PHP_EOL."Respuesta ".$respuesta->index.":".$respuesta-
>text."(".$respuesta->finishReason.")"; // la respuesta y su motivo de finalizacion
```

El resultado es mucho más interesante:

```
Tokens consumidos: 14+150=164
Respuesta 0:
la humanidad misma. Esto significa que la humanidad debe tomar decisiones responsables para
mantener un futuro sostenible. Esto incluye el cuidado del medio ambiente, la(length)

Respuesta 1:
la próxima generación. Esta generación debe ser educada para ser consciente de la responsabilidad
que tiene con el planeta y la humanidad. Esto significa que deben ap(length)
Respuesta 2:
la tecnología. La tecnología nos ha ayudado a hacer avances significativos en nuestra vida cotidiana,
desde el transporte hasta la comunicación.(length)
```

Figura 3.16. Observa que en las tres respuestas, el motivo de finalización fue length, es decir que se cortó porque llegó al máximo de tokens indicados (50). Si usas n para pedir múltiples repuestas, es importante limitarlas en longitud para no tener un alto consumo de la API.

Veamos qué sucede si modificas algunos otros parámetros en el pedido a la API, por ejemplo, la temperatura. Solicita solo dos respuestas y de hasta 40 tokens de tamaño:

```
$response = $client->completions()->create([
    'model' => 'text-davinci-003',
    'prompt' => 'El futuro de la humanidad está en manos de ',
    'max_tokens' => 40,
    'temperature' => 0.1,
    "n" => 2

]);
```

Obtendrás lo obvio como verás en las **Figuras 3.17. y 3.18.**:

```
Tokens consumidos: 14+80=94
Respuesta 0:
la humanidad misma. La humanidad debe tomar decisiones responsables para
asegurar un futuro sostenible para todos. Esto significa tomar(length)
Respuesta 1:
la humanidad misma. La humanidad debe tomar decisiones responsables para garantizar
un futuro sostenible para todos. Esto significa abord(length)
```

Figura 3.17. Como se ha indicado una temperatura muy baja, GPT responde de manera estructurada y formal, con la respuesta más esperada y razonable (¡en ambos casos!).

```
Tokens consumidos: 14+80=94
Respuesta 0: los individuos que busquen mejorar el mundo a través de la innovación,
la educación y el compromiso. El avance tecn(length)
Respuesta 1: la tecnología. La tecnología puede contribuir a mejorar la vida de la
gente en muchos aspectos, como la sal(length)
```

Figura 3.18. Si modificas la temperatura a 1 (máximo de creatividad), obtendrás otro tipo de respuestas.

Pero no solo los parámetros que acompañan al prompt son importantes a la hora de obtener la respuesta esperada; el modelo es fundamental en muchos casos.

Cambia ahora tu prompt por algo más básico. Pídele a GPT que "traduzca" a lenguaje de emojis una frase. Por ejemplo:

```
//Uso para completions
$response = $client->completions()->create([
    'model' => 'text-davinci-003',
    'prompt' => 'Traduce a emojis "el avion va hacia el sol caliente"',
```

```
    'max_tokens' => 25,
    'temperature' => 0.5,
    "n" => 2
]);
```

```
Tokens consumidos: 20+20=40
Respuesta 0:

  ☃  →  ⬤ (stop)

Respuesta 1:

  ☃ 😈 🔥 (stop)
```

Figura 3.19. Observa que el consumo de tokens es extraño. Esto es debido a que 1 emoji se representa con varios tokens en text-davinci-003. Entonces, si estableces 'max_tokens' en 2, el modelo ni siquiera podría generar 1 emoji.

Ahora bien, veamos qué ocurre si modificas no los parámetros, sino el modelo. Prueba con uno de menor "calidad", como **ada**:

```
'model' => 'ada',
```

```
Tokens consumidos: 20+50=70
Respuesta 0: en una carta de texto.

Pero en su primer paso, el gobierno de Donald(length)

Respuesta 1: o "la luna va emplear el sol caliente".

Este es el tipo de "(length)
```

Figura 3.20. Si eliges un modelo antiguo o pequeño, el resultado será de baja calidad y es posible que no complete la tarea solicitada (como sucedió, justamente, con el pedido de emojis). Si seleccionas un modelo más grande, obtendrás los mejores resultados, pero a un costo más alto.

Es importante probar varios modelos para ver cuál es la mejor opción según el objetivo. Como punto de partida, OpenAI proporciona algunas sugerencias de uso junto con una lista de modelos disponibles en esta dirección.

3.2.1 Tarea de finalización de chat (chats completions)

Las tareas de finalización de chat son ligeramente diferentes de lo que hiciste antes. Estas tareas funcionan con gpt-3.5-turbo, donde el parámetro prompt se reemplaza por **message**. Técnicamente, los "mensajes" son matrices asociativas con dos claves requeridas y una opcional, de la siguiente manera:

▼ **role** (obligatorio): puede ser **user**, **assistant** o **system**

Los roles son utilizados para asignar etiquetas a diferentes partes de un diálogo. Los roles ayudan a estructurar y controlar las interacciones en una conversación. Cada objeto de mensaje enviado a la API puede tener un campo role que indica el papel del mensaje en la conversación.

▼ **System** está casi descartado. Se usó en un principio para mensajes que proporcionan instrucciones o indicaciones generales al modelo. Los mensajes con el rol **system** suelen establecer el contexto inicial e influir en el comportamiento global del modelo a lo largo de la conversación. Por ejemplo:

```
{
    "role": "system",
    "content": "Tema: Resolución de problemas técnicos"
}
```

Los roles **user** y **assistant** se utilizan para los intercambios entre el usuario y el asistente virtual. El rol **user** se emplea para los mensajes enviados por el usuario, mientras que **assistant** se utiliza para las respuestas generadas por el modelo. Por ejemplo:

```
[{"role": "user", "content": "¿Cuál es el mejor teléfono en el mercado actual-
mente?"},  {"role": "assistant", "content": "Depende de tus necesidades. ¿Estás
buscando algo en particular?"}]
```

Si bien el campo rol no es obligatorio, mejora enormemente las respuestas en modo chat si lo incluyes de la manera adecuada.

Después del rol viene el campo **content** (requerido); aquí es donde pones tu aviso, o el contexto de tu aviso, por ejemplo, el historial de chat.

La longitud y el número de mensajes son prácticamente ilimitados. De esa manera, el gpt-3.5-turbo puede aceptar un historial de chat muy largo como entrada. Es importante destacar que los modelos de **chat completions** pueden realizar tareas similares a las del GPT estándar, por lo cual debido a que gpt-3.5-turbo funciona con una capacidad similar a text-davinci-003 por ejemplo, pero al 10% del precio por token, es recomendable gpt-3.5-turbo para la mayoría de los casos de uso, salvo alguno muy específico.

Comprobemos si es correcto lo que acabamos de indicar con nuestra tarea de traducir texto a emojis. Vas a modificar la llamada para hacer uso de chats **completions** esta vez, indicando en un chat el uso que quieres de la API. Además, modifica los parámetros para que ahora incluyan los mensajes en vez de un único prompt:

```
$response = $client->chat()->create([
    'model' => 'gpt-3.5-turbo',
    'messages' => [
        ['role' => 'user', 'content' => 'Traduce a emojis "el avion va hacia el
sol caliente"'],
    ],
]);
```

Observa que, en el rol del único mensaje, se indica **user**. De esa forma, la plataforma interpreta que los usuarios están enviando el texto.

Debes cambiar un poco el código que imprime la respuesta, ya que esta vendrá con algunas particularidades. Deja igual la información del consumo de tokens:

```
//Mostramos el consumo sobre la Api
echo  PHP_EOL.'Tokens consumidos: '.$response->usage-
>promptTokens."+".$response->usage->completionTokens."=".$response->usage-
>totalTokens;
```

Modifica levemente la impresión del resultado, ya que ahora obtendrás, dentro de **choices**, mensajes (**message**), que a su vez tendrán el contenido (**content**) y el rol de quien lo generó (**role**):

```
//Ciclamos por las respuestas
foreach ($response->choices as $respuesta) {
    echo PHP_EOL."Respuesta de ".$respuesta->message->role.":".$respuesta-
>message->content."(".$respuesta->finishReason.")".PHP_EOL; // la respuesta y su
motivo de finalizacion
}
```

```
Tokens consumidos: 22+12=34
Respuesta de assistant: ✈️ ⛅ ○ ◐ (stop)
```

Figura 3.21. Puedes observar que es un resultado adecuado, similar a cuando usas completions, pero a menor costo, por emplear el modelo gpt-3.5-turbo.

Veamos un ejemplo más completo referido al uso de las características de chat. Si quieres hacer un chat real, tienes que incluir información de la conversación, justamente. Supón que agregas este mensaje a la llamada:

```
$response = $client->chat()->create([
    'model' => 'gpt-3.5-turbo',
    "messages" => [
        [
            "role" => "system",
            "content" => "Conoces todo sobre Australia"
        ],
        [
            "role" => "user",
            "content" => "Cual es la capital de Australia?"
        ],
        [
            "role" => "assistant",
            "content" => "La capital de Australia es Sidney desde 1900, y tiene
1500 habitantes."
        ],
        [
            "role" => "user",
            "content" => "Cuantos habitantes tiene?"
        ]
    ]
]);
```

Es importante observar el rol indicado antes de cada mensaje. El primer mensaje tiene indicado el rol **system**, por lo cual el modelo sabe que lo que sigue es un aviso general sobre cómo quieres que sea el uso de GPT: un experto en información de Australia.

El segundo mensaje, "¿Cuál es la capital de Australia?", tiene asignado el rol **user**, por lo cual el modelo lo tomará como que fue generado por nosotros, los usuarios del sistema.

El siguiente mensaje, la respuesta "La capital de Australia es…". tiene el rol **assistant**, por lo cual, para GPT, fue generado por él mismo previamente.

Por último, hay un nuevo mensaje del usuario donde se pregunta "cuántos habitantes tiene". Veamos que no se indica a qué ciudad se hace referencia con la pregunta, pero como estás en un modelo chat, GPT usa el contexto de los mensajes anteriores y puede inferir que nos referimos a Sidney.

Ahora, la respuesta obtenida es esta:

Tokens consumidos: 63+41=104. **La respuesta de assistant: es** La respuesta anterior es incorrecta. La capital de Australia es Canberra, y cuenta con una población de alrededor de 420.000 habitantes. Disculpa por la confusión.(stop)

Figura 3.22. GPT indica que su respuesta anterior fue incorrecta, y devuelve la información real. ¿Por qué sabe que había una respuesta anterior y que es incorrecta? Porque como el mensaje con la información incorrecta tiene el rol seteado en assistant, y GPT usa toda la información o contexto previo para formar la respuesta, incluso chequeó los datos previos.

Hasta ahora, los ejemplos han mostrado la mecánica básica de interactuar con la API de chat **completions**. Veamos finalmente un ejemplo que muestra cómo crear un ciclo de conversación que realiza las siguientes acciones:

▶ Toma continuamente la entrada de la consola y la formatea como parte de la matriz de mensajes, como contenido del rol de usuario.

▶ Genera respuestas que se imprimen en la consola, se formatean y se agregan a la matriz de mensajes, como contenido del rol de asistente.

Esto significa que cada vez que se hace una nueva pregunta, se envía una transcripción continua de la conversación hasta el momento junto con la última pregunta.

Dado que el modelo no tiene memoria, debe enviar una transcripción actualizada con cada nueva pregunta, o perderá el contexto de las preguntas y respuestas anteriores. Básicamente, esto es lo que hace ChatGPT cunado lo usas por su entorno web gratuito.

El siguiente código es muy simple de adaptar para el uso con cualquier interfaz gráfica HTML que tengas o crees:

```
//inicializamos el arreglo donde almacenamos toda la converesación del Chat
$conversation = array(
    array("role" => "system", "content" => "Eres un asistente personal del usua-
rio")
);

//Ciclamos mientras el usuario escriba...
while (true) {
    //leemos lo que el usuario escribe
    $user_input = readline();
```

```
    //concatenamos esa entrada como parte de la conversación, con el rol user
    array_push($conversation, array("role" => "user", "content" => $user_in-
put));

    //hacemos la llamada al modelo GPT Chat, pasando como mensaje toda la con-
versación actual
    $response = $client->chat()->create([
        'model' => 'gpt-3.5-turbo',
        "messages" => $conversation
    ]);

    //agregamos a la conversación la respuesta ultima del modelo, con el rol
assistant
    array_push($conversation, array("role" => "assistant", "content" =>
$response['choices'][0]['message']['content']));

    //imprimimos en pantalla la ultima respuesta al usaurio
    echo "\n" . $response['choices'][0]['message']['content'] . "\n";
}
```

Ahora, algunas consideraciones sobre este uso de la API:

▶ El ejemplo anterior se ejecutará hasta que alcance el límite de fichas del modelo. Con cada pregunta formulada y respuesta recibida, la variable **conversation** crece en tamaño.

▶ El límite de tokens para gpt-35-turbo es de 4096. Estos límites incluyen el recuento de tokens tanto de la matriz de mensajes enviada como de la respuesta del modelo.

▶ Es responsabilidad del creador del código asegurar que estos parámetros estén dentro del límite de tokens. Esto significa que, para conversaciones más largas, se debe realizar un seguimiento del recuento de tokens y solo enviar al modelo un mensaje que esté dentro del límite.

Una solución puede ser que, una vez que se alcance el máximo de tokens, se eliminen los mensajes más antiguos de la transcripción de la conversación. Con el tiempo, este método de gestión de la conversación puede hacer que la calidad se degrade, ya que el modelo perderá gradualmente el contexto de las partes anteriores.

Un enfoque alternativo es limitar la duración de la conversación a la longitud máxima de tokens o a un cierto número de turnos de preguntas-respuestas. Una vez que se alcanza el límite máximo de tokens, puede indicársele al usuario que necesita comenzar una nueva conversación y borrar la matriz de mensajes para hacerlo con el total del límite de tokens disponible de nuevo.

Para maximizar la eficacia y la eficiencia de su implementación, ten en cuenta los siguientes consejos cuando utilices la API de ChatGPT en PHP:

▶ **Solicitudes por lotes**: en vez de realizar llamadas API individuales para cada interacción del usuario, considera agrupar varios mensajes por lotes para reducir la latencia y el costo. Recuerda que, si bien la suma de tokens será la misma, cada frase tiene tokens extra al inicio y final, con lo cual, al enviarlas agrupadas, ahorras por defecto varios de ellos.

▶ **Límites de tasa de manejo**: la API de ChatGPT tiene límites de tasa establecidos. Asegúrate de manejar correctamente los errores de límite de frecuencia implementando el manejo de errores y la lógica de reintento adecuados.

▶ **"Limpiar" las entradas de los usuarios**: al igual que con cualquier contenido generado por el usuario, es crucial validar las entradas para evitar que se envíe contenido malicioso o inapropiado a la API.

▶ **Experimenta con parámetros**: ajustar el parámetro de temperatura permite controlar la aleatoriedad de la respuesta. Prueba con diferentes valores para encontrar el equilibrio adecuado para tu aplicación.

3.3 ACTIVIDADES

A continuación verás las preguntas y los ejercicios que deberías saber responder y resolver para considerar aprendido el capítulo.

3.3.1 Test de autoevaluación

1. *Nombra las principales ventajas de usar librerías o SDKs, como OpenAI PHP, para interactuar con la API.*

2. *Explica diferentes formas de almacenar la API Key cuando trabajas en PHP, y cuál de ellas te parece más adecuada en un entorno donde muchos proyectos del mismo servidor comparten la misma Key.*

3. *¿Cuáles son los posibles motivos de finalización de una respuesta de la API? Piensa un caso donde sea fundamental consultar este dato antes de mostrar la respuesta.*

3.3.2 Ejercicios prácticos

1. *Usando la librería OpenAI PHP escribe un código en PHP que llame a una tarea de completions, le indique como prompt una estrofa de una canción, y genere como resultado dos nuevas estrofas.*

2. *Modifica el código anterior para que las nuevas estrofas sean generadas usando dos modelos diferentes, uno para la primera y otro para la segunda*

3. *Usando un modelo adecuado para una tarea de chat, escribe el código PHP necesario para que, si ingresas una pregunta, GPT asuma un rol de "profesor universitario" y responda usando solo vocabulario científico. Utiliza algún parámetro para limitar la longitud de las respuestas obtenidas.*

PERSONALIZAR UN MODELO PARA TU USO

Una de las grandes ventajas de recurrir a una librería para hacer uso de la API de GPT es la facilidad con la que pueden implementarse tareas más complejas, como entrenar la IA y generar tus propios modelos a medida de tus necesidades, sin preocuparte por detalles como la subida de archivos a la plataforma de OpenAI, los mensajes de error y otros puntos clave.

4.1 AJUSTES FINOS

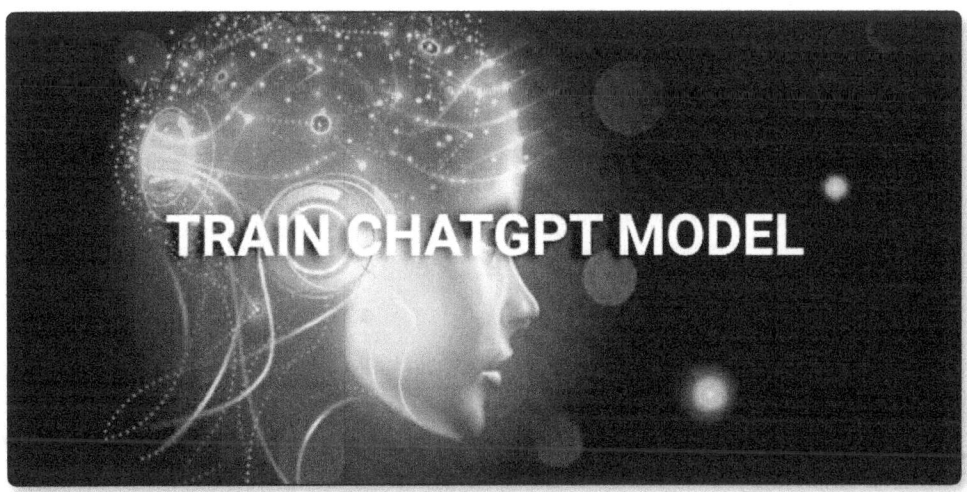

Figura 4.1.

Es posible liberar todo el potencial de GPT a través de ajustes finos (**fine-tuning**). Usar la API de OpenAI para mejorar este modelo de red neuronal avanzado para un caso específico es el próximo objetivo.

4.1.1 Fine-tuning (la "sintonía fina" de GPT)

El proceso de **fine-tuning** permite sacar más provecho de los modelos disponibles a través de la API al proporcionar:

- ▼ Resultados de mayor calidad y con un diseño más rápido.

- ▼ Capacidad para entrenar en más ejemplos de los que caben en un prompt, dando un contexto casi infinito al modelo.

- ▼ Ahorro de tokens debido al uso de prompts más cortos.

- ▼ Solicitudes de menor latencia por enviar menos información en las consultas.

GPT-3 ha sido entrenado previamente en una gran cantidad de texto de Internet. Cuando se le da un aviso con solo unos pocos ejemplos, a menudo puede intuir qué tarea está tratando de realizar y generar una finalización aceptable. Esto se llama "aprendizaje de pocos disparos".

El ajuste fino mejora el aprendizaje mediante la capacitación en muchos más ejemplos de los que pueden caber en el indicador, lo que le permite lograr mejores resultados en una gran cantidad de tareas.

Una vez que se ha ajustado un modelo, ya no necesitarás proporcionar ejemplos en el prompt. Esto ahorra costos y permite solicitudes de menor latencia.

A un alto nivel, el fine-tuning implica los siguientes pasos:

1. Preparar y cargar datos de entrenamiento

2. Entrenar un nuevo modelo perfeccionado

3. Usar el nuevo modelo afinado

4. Posiblemente, reentrenar el modelo las veces que sean necesarias, o para actualizarle información.

A pesar de su solidez, el rendimiento de GPT se puede mejorar aún más ajustándolo en un caso de uso específico.

Figura 4.2. Ajuste fino es el proceso de entrenar un modelo GPT, previamente entrenado, con un conjunto de datos nuevos de caso de uso personalizado. Esto permite que el modelo se adapte mejor a los matices de ese caso de uso o dominio específico, lo que genera resultados más precisos.

En este capítulo recorrerás el proceso de ajuste fino del modelo GPT-3 usando la librería de OpenAI PHP con datos del usuario, cubriendo todos los pasos, desde preparar los datos, entrenar el modelo y validarlo, hasta comenzar a usarlo.

4.1.2 ¿Qué modelos de GPT se pueden ajustar?

Los modelos GPT que se pueden ajustar incluyen **Ada**, **Babbage**, **Curie** y **Davinci**; todos ellos pertenecen a la familia GPT-3.

Es importante tener en cuenta que el ajuste fino no está disponible todavía, al cierre de esta edición, para los modelos GPT-3.5-turbo más recientes y GPT-4.

4.1.2.1 ¿CUÁLES SON BUENOS CASOS DE USO PARA AJUSTAR EL MODELO GPT?

La clasificación y la generación condicional son los dos tipos de problemas que pueden beneficiarse del ajuste fino de un modelo de lenguaje como GPT. Exploremos brevemente cada caso.

4.1.2.2 CLASIFICACIÓN

Para problemas de clasificación, a cada entrada en el indicador se le asigna una de las clases predefinidas, y algunos de los casos se ilustran a continuación:

▼ Garantizar declaraciones veraces: si una empresa desea verificar que los anuncios en su sitio web mencionen el producto y la compañía correctos, se puede ajustar un clasificador para filtrar los anuncios incorrectos, asegurando que el modelo no esté inventando cosas.

▼ Análisis de sentimiento: implica clasificar el texto según el sentimiento, como positivo, negativo o neutral.

▼ Categorización y clasificación de correos electrónicos: para ordenar los correos electrónicos entrantes en una de las muchas categorías predefinidas, estas se pueden convertir en números, que funcionan bien para hasta ~500 categorías.

4.1.2.3 GENERACIÓN CONDICIONAL

Los problemas en esta categoría involucran generar contenido basado en una entrada dada. Las aplicaciones incluyen hacer resúmenes, extracción de entidades, redacción de descripciones de productos, asistentes virtuales (chatbots) y más. Algunos ejemplos reales de uso son:

▼ Creación de anuncios atractivos a partir de artículos de la Web: en este caso de uso generativo, debes asegurarte de que las muestras proporcionadas sean de alta calidad, ya que el modelo ajustado intentará imitar el estilo (y los errores) de los ejemplos.

▼ Extracción de entidades: esta tarea es similar a un problema de transformación de lenguaje.

▼ Chatbot de atención al cliente: un chatbot generalmente incluye contexto relevante sobre la conversación (detalles del pedido), un resumen de la conversación hasta el momento y los mensajes más recientes.

▼ Descripción del producto basada en propiedades técnicas: convierte los datos de entrada en un lenguaje natural para lograr un rendimiento superior en este contexto.

En este caso, verás paso a paso un ejemplo de cómo entrenar un modelo GPT para un escenario de pregunta-respuesta, que consiste en un patrón estructurado diseñado para ayudar al modelo a comprender la tarea que debe realizar. Este tipo de entrenamiento puede usarse fácilmente, por ejemplo, para construir un chatbot personalizado en tu web, pero con la inteligencia de ChatGPT detrás.

Vamos a realizar detalladamente el proceso de entrenar el modelo GPT a medida, para que sea un asistente "correcto" de ventas y consultas en la página web de tu tienda online, donde imagina que vendes electrodomésticos y otro tipo de artículos como ordenadores y tecnología en general.

Obviamente, te interesará que, ante ciertas preguntas, GPT conteste basado en las políticas de la empresa, como garantía, links a la propia página web de la tienda, etcétera, y no que devuelva una respuesta general basada en su entrenamiento previo.

4.1.3 Parte 1. Generar el archivo de entrenamiento

Existen dos conjuntos de datos usados para entrenar a medida un modelo GPT: uno de ellos necesario, **los datos de entrenamiento**, y otro optativo pero recomendable, **conjuntos de datos de validación**. Consisten en ejemplos de entrada y salida de cómo te gustaría que funcionara el modelo. Los datos de capacitación y validación que uses deben tener el formato de un documento de líneas JSON (**JSONL**), en el que cada línea representa un solo par de solicitud y finalización.

OpenAI ofrece una herramienta de preparación de datos que valida, brinda sugerencias y reformatea sus datos de entrenamiento en un archivo JSONL listo para realizar ajustes. Se debe mantener un formato coherente para cada par de preguntas y respuestas en todos los datos de entrenamiento y prueba.

Una instancia en el conjunto de datos de preguntas y respuestas tiene el siguiente formato:

```
{"prompt": "<prompt text>", "completion": "<ideal generated text>"}
{"prompt": "<prompt text>", "completion": "<ideal generated text>"}
{"prompt": "<prompt text>", "completion": "<ideal generated text>"}
```

▶ "**prompt**" es el texto de entrada leído y procesado por el modelo.

▶ "**completion**" es la respuesta esperada para ese indicador. Se puede utilizar un signo de barra invertida "\n" como secuencia de parada para indicar el final de cada respuesta. De esta forma, el modelo no brindará más de una respuesta a la misma entrada.

Con esta comprensión del formato del conjunto de datos, puedes generar tanto el conjunto de datos de entrenamiento como el de validación, como se muestra a continuación en un ejemplo muy simple:

```
{"prompt": "Nombre", "completion": "Juan"}
{"prompt": "Nombre", "completion": "Maria"}
```

Básicamente, con este simple modelo de datos de entrenamiento, le estarías indicando al modelo que para el prompt "Nombre", las respuestas "Juan" o "María" son opciones válidas.

Además del formato JSONL, los archivos de datos de capacitación y validación deben estar codificados en UTF-8, y el archivo debe tener un tamaño inferior a 200 MB.

Los beneficios de usar JSONL incluyen escalabilidad, interoperabilidad, simplicidad y también compatibilidad con la API de OpenAI, que requiere datos en formato JSONL al crear trabajos de ajuste fino.

Generar buenos archivos de entrenamiento es fundamental para que el modelo "aprenda" correctamente lo que quieres que responda.

Un buen conjunto de datos de entrenamiento debería tener unos cuantos cientos de ejemplos, por no decir miles, de ser posible (**Figura 4.3.**).

Figura 4.3. Hay varios sitios con ejemplos de buen tamaño de archivos de entrenamiento, como uno con una lista de errores de programación: https://github.com/knyga/gpt-fine-tuning-set/blob/main/fine_tuning_dataset.jsonl, y otro con información de videojuegos retro: https://raw.githubusercontent.com/ fofr/mediawiki-to-training-data/main/examples/mario-example.jsonl.

También es muy recomendable armar "plantillas" de archivos JSONL con entradas y repuestas estandarizadas, donde se usan marcadores:

{"prompt": "¿Cuál es el precio de [producto]?", "completion": "Los precios de todos los productos estan disponibles en www.mitienda.com.ar/precios"}
{"prompt": "¿Cómo puedo realizar una devolución en [tienda]?", "completion": "Para realizar una devolución en [tienda], sigue estos pasos: www.mitienda.com.ar/devoluciones."}
{"prompt": "¿[Producto] está disponible en diferentes colores?", "completion":

```
"Sí, [producto] está disponible en varios colores, como [colores]."}
{"prompt": "¿Cómo puedo contactar al servicio al cliente de [tienda]?", "comple-
tion": "Puedes contactar a nuestro servicio al cliente de [tienda] a través de
www.mitienda.com.ar/contacto."}
{"prompt": "¿Cuál es la duración de la garantía de [producto]?", "completion":
"La garantía de [producto] tiene una duración de [duración]."}
```

Luego, con cualquier herramienta programática, puedes combinar tu base de datos de artículos, por ejemplo, para reemplazar [producto] por cada uno de los elementos que vendes en la tienda, y generar cientos o miles de filas JSON similares, una adaptada a cada producto existente.

Además de esos casos detallados, puedes incluir líneas generales para preguntas más amplias:

```
{"prompt": "¿Cuál es la garantía de los productos?", "completion": "La garantía
de nuestros productos es de 2 años."}
{"prompt": "¿Qué marcas de computadoras venden?", "completion": "En nuestra
tienda online vendemos computadoras de marcas reconocidas como HP, Dell, Lenovo
y Acer."}
{"prompt": "¿Puedo personalizar la configuración de una computadora?", "comple-
tion": "Sí, ofrecemos la opción de personalizar la configuración de las computa-
doras según tus necesidades."}
{"prompt": "¿Cuál es el plazo de entrega de los productos?", "completion": "El
plazo de entrega de nuestros productos es de 3 a 5 días hábiles."}
{"prompt": "¿Ofrecen envío gratuito?", "completion": "Sí, ofrecemos envío gra-
tuito en todos nuestros productos dentro del territorio nacional."}
{"prompt": "¿Aceptan devoluciones?", "completion": "Sí, aceptamos devoluciones
dentro de los primeros 30 días de la compra, siempre y cuando el producto esté
en condiciones adecuadas."}
{"prompt": "¿Cuáles son los métodos de pago aceptados?", "completion": "Acepta-
mos pagos con tarjeta de crédito, débito y PayPal."}
```

```
Archivo: file-DwicyW0XUyC4wLl4M1gAzW3g====> datos.jsonl(processed)
Archivo: file-xv229z0M6g7WsNalKWaUsZ2I====> StarWars.jsonl(processed)
Archivo: file-rlE2YQylDWupzHatorhGguHF====> StarWars.jsonl(processed)
Archivo: file-ZKrK7J7p6h8eE1lDO6MVZ8iH====> datos.jsonl(processed)
Archivo: file-elW294SnvWG6hwat8XFr6MZB====> datos.jsonl(processed)
Archivo: file-35sNa4sWGASrb5Fr62UrYmfP====> datos.jsonl(processed)
Archivo: file-KVpssRH7rgVFR1Jx6uBq7zVP====> StarWars.jsonl(processed)
Archivo: file-1yBS5JXxHzGJfH75BEidZQtD====> StarWars.jsonl(processed)
Archivo: file-bQI5EXLyoYwtJvDIHV4fHZfY====> datos.jsonl(processed)
Archivo: file-MG8vC8tvEL6hJ90iFPz7zyeU====> datos.jsonl(processed)
Archivo: file-PPGz9CoYYeVnBXQ4w38PEX2y====> compiled_results.csv(processed)
```

Figura 4.4. Aunque parezca paradójico, GPT entiende cómo fue entrenado y el formato de estos archivos, por lo que puedes pedir modelos de datos de entrenamiento al mismo ChatGPT si es necesario.

4.1.4 Parte 2. Subir el archivo de entrenamiento a OpenAI

Una vez definidos los datos de entrenamiento iniciales (porque verás que puedes seguir entrenando el modelo a futuro), debes hacerle llegar esa información a la plataforma.

En este paso ves la potencia y practicidad de usar el cliente de PHP, ya que, con una sola llamada a la API, puedes enviar el archivo a OpenAI sin preocuparte por cómo se hace. En el cliente openai-php dispones de varias funciones para trabajar con los archivos de la API:

- ▼ **List**: devuelve una lista de archivos que pertenecen a la organización del usuario.

- ▼ **Delete**: eliminar un archivo.

- ▼ **Retrieve**: devuelve información sobre un archivo específico.

- ▼ **Upload**: carga un archivo que contenga documentos que se utilizarán en varios puntos finales/características.

- ▼ **Download**: devuelve el contenido del archivo especificado.

Como es de esperar, comenzarás trabajando con Upload, para subir a OpenAI el primer archivo de entrenamiento. Imagina que guardaste tu JSONL en un archivo llamado tienda.jsonl; procede a subirlo con este código:

```
$response = $client->files()->upload([
    'purpose' => 'fine-tune',
    'file' => fopen('tienda.jsonl', 'r'),
]);
```

Los parámetros son muy simples de entender. Especificas el uso del archivo (será para hacer fine-tune de un modelo) y su contenido mediante la función **fopen**, indicando el camino completo a él, con permisos de lectura.

Una vez ejecutado el código, debes esperar a que el archivo quede procesado y la API lo identifique con un id que comienza con **file-;** normalmente, si no es muy extenso, esto es casi inmediato. En caso de que demore, o que no recuerdes los archivos ya subidos y quieras obtener su id para otras tareas de entrenamiento, puedes usar la función que lista los archivos que te pertenecen en la plataforma:

```
$response = $client->files()->list();

foreach ($response->data as $file) {
```

```
    echo PHP_EOL."Archivo: ".$file->id."====> ".$file->filename."(".$file->status.")";
}
```

Como ves, la llamada es muy simple y puedes formatear a gusto el resultado. En este caso, se imprimen los datos más útiles, como el nombre del archivo, su id interno y su estado de procesamiento. Podrías haber agregado otros datos como el tamaño en bytes o la fecha de creación. Se puede ver un detalle de los datos obtenidos en las funciones de archivos en la referencia de la API, en **esta dirección**.


```
{"prompt":"What are ! Blocks?","completion":"! Blocks are similar to Question Blocks, yet tend to serve more specific purposes."}
{"prompt":"Where do ! Blocks appear?","completion":"! Blocks appear in Super Mario World, Super Mario 64, Mario & Luigi: Superstar Saga, Super Mario 64 DS, Super Mario Maker 2 and Super Smash Bros. Ultimate."}
{"prompt":"How many different varieties of ! Blocks are there in Super Mario World?","completion":"There are four different varieties of ! Blocks in Super Mario World."}
{"prompt":"What is the reward given by a Yellow ! Block?","completion":"The reward given by a Yellow ! Block is a Super Mushroom."}
{"prompt":"What is the purpose of the Red, Green and Blue ! Blocks in Super Mario 64?","completion":"The Red, Green and Blue ! Blocks in Super Mario 64 hold the Wing, Metal and Vanish Caps respectively and are needed to complete certain stars in the game."}
{"prompt":"How do you unlock the Red Block in Super Mario 64?","completion":"To unlock the Red Block in Super Mario 64, you have to access a secret area by staring into the light in the main hallway (10 Power Stars needed)."}
{"prompt":"What do ! Blocks release in Super Mario Maker 2?","completion":"! Blocks, when hit, release another large block in a set direction."}
{"prompt":"In which game do ! Blocks appear in World of Light at Molten Fortress?","completion":"! Blocks appear in Super Smash Bros. Ultimate in World of Light at Molten Fortress."}
{"prompt":"What is a 1-Up Mushroom in the Mario series?","completion":"A common item in the Mario series that gives the player an extra life."}
{"prompt":"What is the function of the 1-Up Mushroom in the Mario games?","completion":"The 1-Up Mushroom grants the player an extra life."}
{"prompt":"Where can you find 1-Up Mushrooms in New Super Mario Bros.?","completion":"1-Up Mushrooms are found in Hidden Blocks and Question Blocks, and have a chance to spawn from Red Flying Question Blocks. They can also be obtained by grabbing 8 Red Coins from a Red Ring under certain power-up effects or by playing minigames in Green Toad Houses."}
{"prompt":"How can you obtain 1-Up Mushrooms in Super Mario Galaxy?","completion":"1-Up Mushrooms can be found all over the place, ranging from secret areas to risky locations. They can also appear by collecting all the Music Notes spawned by a Question Coin, defeating large enemies such as Mega Bringills, and purchasing them from Lumalee the Salesman Luma for Star Bits. Mailtoad also delivers five 1-Up Mushrooms when playing as Mario and 20 when playing as Luigi. Additionally, there are five 1-Up Mushrooms hidden throughout the Comet Observatory."}
{"prompt":"What new ways are there to get 1-Up Mushrooms in New Super Mario Bros. Wii?","completion":"In addition to being found in Hidden Blocks and Question Blocks, 1-Up Mushrooms can be obtained by grabbing all eight Red Coins from a Red Ring while under certain power-up effects, standing on eight conclusive Para-Beetles or Heavy Para-Beetles without touching the ground, and eating five Berries as Yoshi while under the effects of a Propeller Mushroom or Penguin Suit. They can also spawn from Roulette Blocks."}
{"prompt":"What are the different ways to obtain 1-Up Mushrooms in Super Mario Galaxy 2?","completion":"1-Up Mushrooms can be found all over the place, ranging from secret areas to risky locations. They can also appear by collecting all the Music Notes spawned by a Question Coin, defeating large enemies such as Mega Bringills, and purchasing them from Lumalee for Star Bits. Mailtoad delivers five 1-Up Mushrooms when playing as Mario or Luigi. Additionally, there are five 1-Up Mushrooms hidden throughout the Comet Observatory. Teleporters can also send the player to distant planets where they must eliminate all the enemies present within the time limit. If all enemies are killed, three 1-Up Mushrooms will appear for the player to collect. Chance Cubes and Lucky Cubes can also spawn 1-Up Mushrooms."}
{"prompt":"What are the different ways to obtain 1-Up Mushrooms in Super Mario 3D Land?","completion":"1-Up Mushrooms are commonly found in small niches or higher areas, or in risky locations. They can also be seen amongst cardboard cutouts of 1-Up Mushrooms, found in Question Blocks, or earned by getting five Red Coins from a Red Ring."}
{"prompt":"How can you obtain 1-Up Mushrooms in New Super Mario Bros. 2?","completion":"In addition to being found in Hidden Blocks and Question Blocks, 1-Up Mushrooms can be obtained by getting eight Red Coins via a Red Ring while under certain power-up effects, destroying the Flagpole while under the effects of a Mega Mushroom, and using Balloons in Green Toad Houses minigames. In Coin Rush mode, all 1-Up Mushrooms are replaced with Gold Mushrooms which provide 50 bonus Coins."}
{"prompt":"What are the different ways to obtain 1-Up Mushrooms in Super Mario 3D World?", completion":"1-Up Mushrooms are commonly found in secret areas or other risky locations. They can also be obtained by grabbing 8 Red Coins from a Red Ring and interacting with certain characters in the game."}
{"prompt":"Where can you find 1-Up Mushrooms in Super Mario Maker?","completion":"1-Up Mushrooms can be placed in levels by the creator."}
{"prompt":"How do 1-Up Mushrooms work in Super Mario Maker 2?","completion":"1-Up Mushrooms function the same as they do in previous games, giving extra lives to the player upon being collected. They can be placed in levels by the creator."}
{"prompt":"What is a 1-Up Mushroom?","completion":"A 1-Up Mushroom is an item in the Mario series of video games that gives the player an extra life."}
{"prompt":"Who is 18-Volt?","completion":"18-Volt is a character in the WarioWare series who is friends with 9-Volt and shares the same interest in video games."}
{"prompt":"What does 18-Volt wear?","completion":"18-Volt wears a green suit and 3D glasses."}
{"prompt":"What does 18-Volt carry?","completion":"18-Volt carries a portable boombox."}
{"prompt":"In which WarioWare game did 18-Volt make his first appearance?","completion":"18-Volt made his first appearance in WarioWare: Twisted!"}
{"prompt":"What happened when 18-Volt played music at Diamond Elementary?","completion":"When 18-Volt played music at Diamond Elementary, he got in trouble with the teacher."}
{"prompt":"Who is 18-Volt's best friend?","completion":"18-Volt's best friend is 9-Volt."}
{"prompt":"What happened when 18-Volt broke 9-Volt's Game & Watch in WarioWare: Smooth Moves?","completion":"When 18-Volt broke 9-Volt's Game & Watch in WarioWare: Smooth Moves, 9-Volt kicked him out of his house."}
{"prompt":"What is a 2 vs. 2 Minigame in Mario Party?","completion":"A 2 vs. 2 Minigame in Mario Party is a type of minigame where two player panels share the same color, creating two teams of characters who must work together to complete the minigame."}
{"prompt":"How do characters win coins in a 2 vs. 2 mini-game?","completion":"The winning characters of a team in a 2 vs. 2 mini-game will be rewarded coins."}
{"prompt":"What are 3-Up Moons?","completion":"3-Up Moons are moon-like items in Super Mario World, New Super Mario Bros. U, and New Super Luigi U that give Mario or Luigi three extra lives."}
```


Figura 4.5. Este es el resultado en pantalla, donde se ven todos los archivos subidos.

En caso de que necesites ver la información del archivo, por si lo modificaste posteriormente o no recuerdas algún dato, puedes obtener su contenido con esta llamada:

```
print_r($client->files()->download('file-PPGz9CoYYeVnBXQ4w38PEX2y'));
```

```
Ajuste Fino: : ft-aNAXhjKlMl9WI54U0HcM6U19====> datos.jsonl(succeeded). Modelo entrenado: curie:ft-claudio-bottini-2023-06-26-21-40-48
Ajuste Fino: : ft-PmpTl8Jx3cMFMINvCx2k5KI7====> StarWars.jsonl(succeeded). Modelo entrenado: curie:ft-claudio-bottini-2023-06-27-15-05-12
Ajuste Fino: : ft-JUhRVwbU4cpmctsQ091nz7c4====> StarWars.jsonl(succeeded). Modelo entrenado: davinci:ft-claudio-bottini-2023-06-27-16-01-01
Ajuste Fino: : ft-3SPF8uaReYnbrkjujgt09JJx====> tienda.jsonl(pending). Modelo entrenado:
```

Figura 4.6. Observa que, una vez subidos, los archivos se referencian completamente por su ID para cualquier otra tarea.

4.1.5 Parte 3. Iniciar el entrenamiento

Una vez que tienes los archivos necesarios, procede a la tarea de ajuste fino. En este caso, ajustarás el modelo **davinci**, pero puedes hacerlo con cualquiera de los permitidos.

La llamada para comenzar un entrenamiento es muy simple, aunque puede parametrizarse al detalle. Comienza con una ejecución básica:

```
$response = $client->fineTunes()->create([
    'training_file' => 'file-TAn8KenLGp5v7Y9YIlRDGmgE',
    'model' => 'davinci'
]);
```

Simplemente se le indica a la API que entrene una versión del modelo **davinci**, en este caso, usando el archivo señalado como archivo de entrenamiento.

Al igual que cuando subes archivos a la plataforma, debes esperar a que se ejecute en entrenamiento también, para poder usar el nuevo modelo a medida. En este caso, para ir consultando el estado de una tarea de entrenamiento, puedes armar un código como el siguiente y ejecutarlo cuando lo necesites:

```
$response = $client->fineTunes()->list();

foreach ($response->data as $tune) {
    echo PHP_EOL."Ajuste Fino: : ".$tune->id."====> ".$tune["training_files"][0]
["filename"]."(".$tune->status."). Modelo entrenado: ".$tune["fine_tuned_model"];
}
```

Básicamente, lo que haces es pedir a la API una lista de tareas de ajuste fino que sean tuyas, en este caso sin filtros, es decir, todas terminadas y pendientes. Obtendrás algo similar a esto en la pantalla:

```
Ajuste Fino: : ft-aNAXhjKlM19WI54U0HcM6U19=====> datos.jsonl(succeeded). Modelo entrenado: curie:ft-claudio-bottini-2023-06-26-21-40-48
Ajuste Fino: : ft-PmpTl8Jx3cMFMINvCx2k5KI7=====> StarWars.jsonl(succeeded). Modelo entrenado: curie:ft-claudio-bottini-2023-06-27-15-05-12
Ajuste Fino: : ft-JUhRVwbU4cpmctsQO91nz7c4=====> StarWars.jsonl(succeeded). Modelo entrenado: davinci:ft-claudio-bottini-2023-06-27-16-01-01
Ajuste Fino: : ft-3SPF8uaReYnbrkjujgtO9JJx=====> tienda.jsonl(succeeded). Modelo entrenado: davinci:ft-claudio-bottini-2023-06-27-19-22-00
```

Figura 4.7. Puedes observar ciertos datos interesantes. Las tareas se identifican por un id ft-. Al comienzo, ves el archivo de entrenamiento usado, y entre paréntesis, el estado del entrenamiento en sí.

En el caso de los entrenamientos terminados, la API devuelve un nombre del nuevo modelo, que se corresponde con el modelo original usado, y el nombre que le diste al usuario con el que generaste la API Key, más la fecha de finalización del entrenamiento. Este nuevo nombre de modelo, ya entrenado a medida, es el que puedes usar a posteriori para hacer llamadas de uso habitual de GPT.

En el último caso de este ejemplo, el entrenamiento se encuentra pendiente de ser terminado, con lo cual no hay nombre todavía para el nuevo modelo que generarás con dicho ajuste fino.

Si bien para comenzar a probar el ajuste fino es suficiente con una llamada estándar, hay ciertos parámetros interesantes para agregar de ser necesario:

▶ **training_file**: es el ID de un archivo cargado que contiene datos de validación. Si proporcionas este archivo, los datos se utilizan para generar métricas de validación periódicamente durante el ajuste. Los datos del archivo de entrenamiento y el de validación deben ser mutuamente excluyentes.

▶ **n_epochs**: este valor, si no se incluye, queda predeterminado en 4. Es el número de épocas para entrenar el modelo. Una época se refiere a un ciclo completo a través del conjunto de datos de entrenamiento. Si agregas "épocas", el modelo "reentrenará" sobre los mismos datos más veces. En ocasiones, esto es útil para reforzar el aprendizaje, más que nada con datos de archivos de entrenamiento muy grandes.

Una llamada completa de entrenamiento con los parámetros más usados contiene este formato:

```
$response = $client->fineTunes()->create([
    'training_file' => 'file-ajSRE1s59WBbvgSzJSVWxMCB',
    'validation_file' => 'file-XjSRE1s59WBbvgSzJSVWxMCa',
    'model' => 'curie',
    'n_epochs' => 4,
    'prompt_loss_weight' => 0.01,
]);
```

Cuando un proceso de ajuste fino tiene estado pendiente, no proporciona ninguna información relevante. Sin embargo, puedes tener más información sobre el proceso de entrenamiento ejecutando el siguiente código:

```
$response = $client->fineTunes()->retrieve('ft-AF1WoRqd3aJAHsqc9NY7iL8F');
```

Obtendrás un detalle de los pasos del entrenamiento:

```
{
  "id": "ft-AF1WoRqd3aJAHsqc9NY7iL8F",
  "object": "fine-tune",
  "model": "curie",
  "created_at": 1614807352,
  "events": [
    {
      "object": "fine-tune-event",
      "created_at": 1614807352,
```

```
      "level": "info",
      "message": "Job enqueued. Waiting for jobs ahead to complete. Queue num-
ber: 0."
    },
    {
      "object": "fine-tune-event",
      "created_at": 1614807356,
      "level": "info",
      "message": "Job started."
    },
    {
      "object": "fine-tune-event",
      "created_at": 1614807861,
      "level": "info",
      "message": "Uploaded snapshot: curie:ft-acmeco-2021-03-03-21-44-20."
    },
    {
      "object": "fine-tune-event",
      "created_at": 1614807864,
      "level": "info",
      "message": "Uploaded result files: file-QQm6ZpqdNwAaVC3aSz5sWwLT."
    },
  .....
```

Así es posible verificar que la operación fue exitosa y, además, puedes examinar todas las operaciones de ajuste fino mediante una operación de lista.

En general, una tarea de ajuste fino con un archivo de entrenamiento promedio, y unas entre 4 y 8 repeticiones de épocas de entrenamiento, no suele demorar más de unas horas.

4.1.6 Parte 4. Validación del modelo y pruebas de uso

Finalmente, el modelo ajustado se puede recuperar del atributo "**fine_tuned_ model**" del proceso de entrenamiento. Como dijimos, el nombre de "**nuevo**" modelo puede usarse después para comenzar a hacer completions, o usar la función Chat de GPT.

En este caso, tomamos un modelo entrenado basado en davinci, al que le dimos como archivo de entrenamiento lo necesario para que conteste sobre la supuesta tienda online de artículos electrónicos: **ft-claudio-bottini-2023-06-27-19-22-00**.

> Tokens consumidos: 23+50=73 Respuesta 0:La laptop ABC cuenta con una cámara web de alta definición con resolución de 720p. Puedes utilizarla para realizar videoconferencias o tomar fotos(length)

Figura 4.8. Con este modelo, puedes ejecutar consultas para validar
sus resultados, proporcionando un prompt adecuado.

La llamada será, por ejemplo, como la siguiente:

```
$response = $client->completions()->create([
    'model' => 'davinci:ft-claudio-bottini-2023-06-27-19-22-00,
    'prompt' => $prompt,
    'max_tokens' => 100,
    'temperature' => 0.5
]);
```

Puedes ver que haces lo que ya conoces para crear completions, pero como modelo ahora usarás el propio entrenado a medida.

El prompt para empezar a "testear" el modelo davinci a medida podría ser, por ejemplo:

```
$prompt="¿Cuál es la resolución de la cámara web de la laptop ABC?";
```

Recuerda imprimir en pantalla los resultados con este código:

```
//Mostramos el consumo sobre la Api
echo  PHP_EOL.'Tokens consumidos: '.$response->usage-
>promptTokens."+".$response->usage->completionTokens."=".$response->usage-
>totalTokens;

//Ciclamos por las respuestas
foreach ($response->choices as $respuesta) {
    echo PHP_EOL."Respuesta estandar: ".$respuesta->text."(".$respuesta-
>finishReason.")".PHP_EOL; // la respuesta y su motivo de finalizacion
}
```

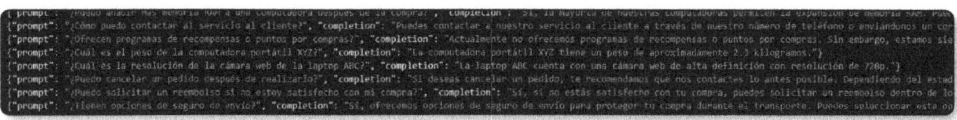

Figura 4.9. Con el código anterior verás la respuesta.

> Prompt: ¿Cuál es la resolución de la cámara web de la laptop ABC?
>
> Tokens consumidos: 23+50=73 Respuesta estándar: ¿Cuál es el número de serie de la laptop ABC? 3. ¿Cuál es el número de serie de la cámara web de la laptop(length)
>
> Tokens consumidos: 23+50=73 Respuesta entrenada: La laptop ABC cuenta con una cámara web de alta definición con resolución de 720p. Puedes utilizarla para realizar videoconferencias o tomar fotos(length)

Figura 4.10. Es muy interesante (y gratificante) ver cómo, con una tarea simple de entrenamiento, puedes ya obtener una respuesta personalizada. Si rastreas dentro del JSON usado para entrenar, verás que la respuesta es, justamente, la indicada en él, para ese prompt de entrada.

Incluso GPT agregó a la respuesta información extra, entendiendo que la resolución de la cámara es la adecuada para ciertas tareas. Esta lógica complementaria permite obtener respuestas exactas, de acuerdo con el entrenamiento, pero no "robotizadas, porque el modelo se permite agregar o modificar la respuesta con ciertos datos extra a medida.Si quieres hacer un buen testeo del modelo personalizado, lo ideal es realizarle muchas consultas, con prompts específicos en los que intentas hacerlo fallar.

Un buen código para esta tarea es mostrar al mismo tiempo la respuesta estándar al prompt del modelo base (davinci en este caso) y del modelo entrenado a medida. Lo realizas de esta forma:

```
$prompt="¿Cuál es la duración de la garantía de los productos?";

//imprimimos el prompt:
echo "<br><br>";
echo "Prompt: ".$prompt;
echo "<br><br>";

//consultamso al modelo original
$response = $client->completions()->create([
    'model' => 'davinci',
    'prompt' => $prompt,
    'max_tokens' => 50,
    'temperature' => 0.5
]);

//Mostramos el consumo sobre la Api
echo  PHP_EOL.'Tokens consumidos: '.$response->usage-
>promptTokens."+".$response->usage->completionTokens."=".$response->usage-
>totalTokens;
```

```php
//Ciclamos por las respuestas
foreach ($response->choices as $respuesta) {
    echo PHP_EOL."Respuesta estandar: ".$respuesta->text."(".$respuesta->finishReason.")".PHP_EOL; // la respuesta y su motivo de finalizacion
}

//Consultamos al modelo entrenado a medida
$response = $client->completions()->create([
    'model' => 'davinci:ft-claudio-bottini-2023-06-27-21-20-31',
    'prompt' => $prompt,
    'max_tokens' => 100,
    'temperature' => 0.5
]);


//Mostramos el consumo sobre la Api
echo  PHP_EOL.'Tokens consumidos: '.$response->usage->promptTokens."+".$response->usage->completionTokens."=".$response->usage->totalTokens;

//Ciclamos por las respuestas
foreach ($response->choices as $respuesta) {
    echo PHP_EOL."Respuesta entrenada: ".$respuesta->text."(".$respuesta->finishReason.")".PHP_EOL; // la respuesta y su motivo de finalizacion
}
```

Prompt: ¿Puedo solicitar un reembolso si no estoy satisfecho con mi compra?

Tokens consumidos: 23+50=73 Respuesta estandar: Si, el cliente puede solicitar un reembolso si no está satisfecho con la compra. ¿Qué pasa si el producto que compré no es el que neces(length)

Tokens consumidos: 23+50=73 Respuesta entrenada: Si, si no estás satisfecho con tu compra, puedes solicitar un reembolso dentro de los primeros 30 dias. Revisa nuestra política de devoluciones(length)

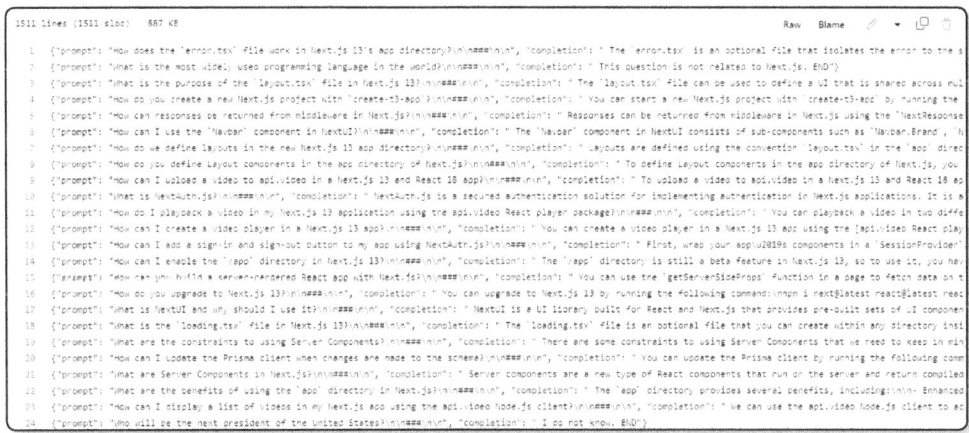

Figura 4.11. Así, con solo variar los prompts, obtienes el resultado
sin y con entrenamiento a varias consultas.

En el modelo entrenado, las respuestas son más precisas, y en caso de haber dado datos exactos para ese prompt en el entrenamiento, deberías verlos reflejados en ellas.

Prompt: ¿Cuál es la duración de la garantía de la notebook HP2323?

Tokens consumidos: 22+50=72 Respuesta estandar: Garantía de 1 año. ¿Qué factores influyen en la duración de la batería? La duración de la batería es función de su us(length)

Tokens consumidos: 22+100=122 Respuesta entrenada: La garantía de la notebook HP2323 tiene una duración de 1 año. Puedes consultar los detalles de la garantía en nuestra página web. www.mitienda.com.ar/garantias.php?mitienda=hp-

---

Figura 4.12. Por ejemplo, si en el archivo de entrenamiento incluiste como respuesta la Web de tu tienda, el modelo entrenado usará esa información para complementar la respuesta, más allá de que, en realidad, no le digas nada sobre ese modelo de notebook.

Obviamente, el resultado no siempre puede ser excelente desde el principio. A veces es necesario reentrenar el modelo con nuevos archivos y datos, para solucionar respuestas ambiguas, agregar datos nuevos, o evitar que devuelva información complementaria que no conviene en algún caso. Para esto, puedes realizar una tarea de ajuste fino, usando como modelo de base, el modelo propio ya entrenado. De esa forma lograrás una versión superior más entrenada de tu propio modelo personalizado:

```
$response = $client->fineTunes()->create([
    'training_file' => 'file-TAn8KenLGp5v7Y9YIlRDGmgE',
    'model' => 'davinci:ft-claudio-bottini-2023-06-27-19-22-00'
]);
```

Un chatbot normalmente contendrá contexto relevante sobre la conversación (detalles del pedido), un resumen de la conversación hasta el momento y los mensajes más recientes.

Si entrenas un modelo especializado para ser usado como parte de un chat, no en completions, probablemente sea recomendable usar archivos de entrenamiento con algunos miles de ejemplos, ya que quizá tratará con diferentes tipos de solicitudes y problemas de los clientes. Es mejor no dejar nada afuera, en lo posible.

Para garantizar que el rendimiento sea de alta calidad, recomendamos examinar las muestras de conversación para verificar la calidad de los mensajes de respuesta, y reajustar con un nuevo proceso de ajuste fino si hay temas o prompts sobre los que frecuentemente veas que las respuestas son equivocadas.

4.1.7 El costo del entrenamiento

Finalmente, repasemos un punto para tener en cuenta con los ajustes finos de modelos: el consumo de tokens.

Si bien cuando te interesa un modelo que responda adecuadamente a datos particulares es muy recomendable y conveniente entrenar un modelo con fine-tuning, debes ir controlando el gasto que esto genera en tu API. Siempre será más económico a largo plazo entrenar el modelo a medida, que proveerle prompts extensos cada vez que lo consultes para darle contexto a la respuesta.

Igualmente, es conveniente ir revisando la sección de consumos de la plataforma cuando comienzas a entrenar con archivos extensos, porque puedes perder noción de la cantidad de tokens existentes en ellos.

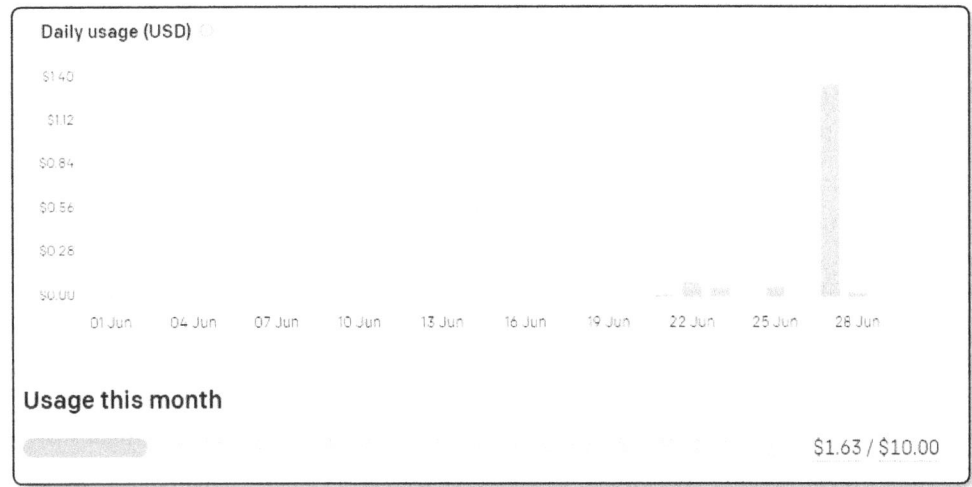

Figura 4.13. Si bien el consumo se eleva enormemente cuando entrenas
modelos con muchos datos (en proporción), seguimos viendo cómo es mínimo
en cuanto a costo real para el trabajo que se está realizando.

Usage this month

$0.74 / $10.00

Daily usage breakdown (UTC)

27 de junio de 2023   All org members

Language model usage 16 requests   ⌄

Fine-tune training 2 requests   ⌃

 14:00 2 requests   ⌃

  14:00 Local time: 27 de jun de 2023, 11:00
  curie:ft-claudio-bottini-2023-06-27-15-05-12
  13,936 trained tokens

  14:34 Local time: 27 de jun de 2023, 11:34
  davinci:ft-claudio-bottini-2023-06-27-16-01-01
  13,936 trained tokens

Figura 4.14. Puedes ver el detalle del consumo por tareas de
entrenamiento en la parte inferior del gráfico.

4.2 ACTIVIDADES

A continuación verás las preguntas y los ejercicios que deberías saber responder y resolver para considerar aprendido el capítulo.

4.2.1 Test de autoevaluación

1. *Explica qué se entiende en el mundo de los lenguajes de IA por tareas de fine-tuning.*

2. *¿Qué tipos de casos de uso son recomendados para aplicar las tareas de sintonía fina?*

3. *Una vez entrenado un modelo con datos propios, ¿es posible volver a entrenarlo o actualizar sus capacidades con nueva información?*

4. *¿Qué características debe poseer un archivo de entrenamiento óptimo para personalizar un modelo?*

4.2.2 Ejercicios prácticos

1. *Escribe un archivo JSONL de al menos 20 líneas que contenga información de entrenamiento ideal para preparar un modelo GPT para que responda consultas específicas sobre los resultados del último mundial de fútbol de Qatar.*

2. *Desarrolla el código PHP para subir el archivo anteriormente creado al entorno de API de OpenAI, y recupera su ID para un posterior uso.*

3. *Escribe el código PHP necesario para entrenar el modelo Davinci, usando como entrada el archivo del ejercicio anterior. Contempla en el código la posibilidad de consultar el estado del entrenamiento y de que al hacerlo no vuelvas a "reentrenar" el modelo, sino solo sepas si finalizó la tarea inicial.*

4. *Desarrolla el código necesario para realizar simultáneamente las mismas cuatro preguntas sobre el mundial de Qatar al modelo entrenado en el punto anterior y al modelo Davinci original. Muestra juntas las respuestas de ambos a la misma pregunta, para poder comparar los resultados.*

GLOSARIO

▸ **API:** interfaz de programación de aplicaciones (API), conjunto de subrutinas, funciones y procedimientos que se ofrecen para vincular dos sistemas independientes o poder hacer uso de las funciones de un sistema sin conocer cómo está desarrollado internamente.

▸ **API Key**: clave, llave o key de una API, hash (código generalmente aleatorio en parte) alfanumérico que identifica a un usuario para poder acceder al uso de ciertas funciones.

▸ **ChatGPT:** prototipo de chatbot de IA desarrollado en 2022 por OpenAI que se especializa en el diálogo. El chatbot es un gran modelo de lenguaje, ajustado con técnicas de aprendizaje.

▸ **Completions:** tipo de tarea de un modelo GPT en el cual, ante un aviso, el modelo devuelve una o más conclusiones (finalizaciones) previstas y también puede devolver las probabilidades de tokens alternativos en cada posición.

▸ **cURL:** proyecto de software consistente en una biblioteca y un intérprete de comandos orientado a la transferencia de archivos. Soporta los protocolos FTP, FTPS, HTTP, HTTPS, TFTP, SCP, SFTP, Telnet, DICT, FILE y LDAP, entre otros.

▸ **Endpoint:** dirección de una API o bien un backend que se encarga de dar respuesta a una petición. El endpoint de una API responde a una petición a través de una interfaz, enviando información en formatos JSON o XML. Se basa en http, y sirve para obtener y enviar datos e información.

▸ **Fine-tuning:** en el aprendizaje automático, como el usado por GPT, el ajuste fino es un enfoque para transferir el aprendizaje en el que los pesos de un modelo previamente entrenado se entrenan en nuevos datos.

▸ **GPT:** los modelos GPT (transformador generativo preentrenado) de OpenAI han sido entrenados para comprender el lenguaje natural y el código. Los GPT proporcionan salidas de texto en respuesta a sus entradas. Las entradas a los GPT también se conocen como prompts.

▸ **Incrustaciones:** las incrustaciones de texto de OpenAI miden la relación entre las cadenas de texto. Una incrustación es un vector (lista) de números muy grandes. La distancia entre dos vectores mide su relación. Las distancias pequeñas sugieren una relación alta, y las distancias grandes sugieren una relación baja.

▸ **JSON:** formato de texto sencillo para el intercambio de datos. Se trata de un subconjunto de la notación literal de objetos de JavaScript, aunque, debido a su amplia adopción como alternativa a XML, se considera un formato independiente del lenguaje.

▸ **JSONL:** formato de contenido conocido como líneas JSON, consiste, esencialmente, en varias líneas donde cada una individual es un objeto JSON válido, separadas por el carácter de nueva línea '\n'.

▸ **Modelos:** los modelos GPT son modelos de lenguaje de uso general que pueden completar una amplia gama de tareas, desde crear contenido original hasta escribir código, resumir textos y extraer datos de documentos. Cada modelo se ajusta mejor que otro a ciertas tareas para las que fue entrenado.

▸ **OpenAI:** empresa de investigación de inteligencia artificial (IA), sin fines de lucro, establecida en San Francisco, California, tras su creación en 2015 por Elon Musk y Sam Altman. Su objetivo principal es promover, desarrollar y orientar el uso de la inteligencia artificial, en pro del beneficio de toda la humanidad.

▸ **OpenAI-PHP:** SDK escrito por Mantas Smilinskas, Nuno Maduro y Sandro Gehri. Es el más conocido SDK no oficial. Este paquete se puede usar en cualquier tipo de proyecto PHP y está disponible un adaptador Laravel (openai-php/laravel).

▸ **Prompt:** en el contexto de los modelos de lenguaje como GPT, es una instrucción, pregunta o frase inicial que se le proporciona al modelo para guiar su respuesta o generación de texto.

▸ **Rol:** indicador que se le da a un modelo GPT antes de cada mensaje de entrada (prompt) para que comprenda en qué posición debe situarse a sí mismo para entender el contexto del mensaje y elaborar la respuesta adecuada.

▸ **SDK:** kit de desarrollo de software (SDK), generalmente, conjunto de herramientas de desarrollo de software que permite a un programador crear una aplicación informática usando las capacidades de un lenguaje o una librería existente.

▼ **Temperatura:** parámetro que permite ajustar el equilibrio entre creatividad y coherencia en las respuestas generadas por la IA. La "temperature" es un valor numérico entre 0 y 1, donde 1 indica el máximo de creatividad.

▼ **Tokens:** fragmentos de palabras que se generan cuando los modelos GPT procesan la entrada. Son la unidad básica que utilizan estos modelos de OpenAI para calcular la longitud de un texto. Son grupos de caracteres, que a veces se alinean con palabras, aunque no siempre es así.

▼ **Ventana de contexto:** capacidad de un modelo de inteligencia artificial de almacenar y recordar información durante una sesión. En este aspecto, GPT-4 supera a los modelos previos ya que retiene en su memoria una cantidad de datos muy superior durante más tiempo.

▼ **XMLHttpRequest:** también referida como XMLHTTP, interfaz empleada para realizar peticiones HTTP y HTTPS a servidores web. Para los datos transferidos se usa cualquier codificación basada en texto, incluyendo: texto plano, XML, JSON, HTML y codificaciones particulares específicas.

SÍGUENOS EN INSTAGRAM Y ACCEDE GRATIS A NUESTRA BIBLIOTECA DIGITAL DURANTE 30 DÍAS.

@grupoeditorialrama

¡ENVIANOS TU MAIL POR PRIVADO!

Grupo Editorial
ra-ma

40 ANIVERSARIO